아이돌 팬덤

커뮤니케이션이해총서

급변하는 커뮤니케이션 환경에서 새로운 지식에 대한 욕구가 높아지고 있습니다. 이러한 흐름에 발맞추어 하나의 커뮤니케이션 주제를 10개 항목으로 묶어서 달걀 꾸러미처럼 엮었습니다. 사회의 변화를 빠르게 알기 원하는 대중과 시대에 앞선 지식을 단시간에 알고자 하는 연구자, 실무자, 학생에게 도움이 되는 책입니다.

일러두기

- 인명, 작품명, 저서명, 개념어 등은 한글과 함께 괄호 안에 해당 국가의 원어를 병기했습니다.
- 외래어 표기는 현행 어문규정의 외래어표기법을 따랐습니다.

아이돌 팬덤

오윤지

대한민국, 서울, 커뮤니케이션북스, 2025

아이돌 팬덤

지은이 오윤지
펴낸이 박영률

초판 1쇄 펴낸날 2025년 11월 14일

커뮤니케이션북스(주)
출판 등록 2007년 8월 17일 제313-2007-000166호
02880 서울시 성북구 성북로 5-11
전화(02) 7474 001, 팩스(02) 736 5047
commbooks@commbooks.com
www.commbooks.com

CommunicationBooks Inc.
5-11, Seongbuk-ro
Seongbuk-gu, Seoul, 02880, KOREA
phone 82 2 7474 001, fax 82 2 736 5047

ISBN 979-11-430-1139-8 04300

책값은 뒤표지에 표시되어 있습니다.

차례

지금 여기, 아이돌 팬덤

능동적이거나, 포섭되거나

주류 문화로 떠오른 아이돌 팬덤은 오늘날 대중문화의 주축을 이룬다. 팬덤의 정체는 그들의 자력으로 만들어 낸 고유한 문화와 산업 생태계의 관계 안에서 복잡하게 그려지는 특징을 갖는다. 이에 따라 아이돌 팬덤에 관한 논의는 '능동적이거나' 혹은 '산업에 포섭되는' 존재로 그려져 왔다.

한때 하위문화를 소비하는 수동적 존재로 평가받던 팬덤은 현재 역동적인 참여와 창조적인 생산물을 만들어 내는 주체로 그려진다. 또한 '저항'에 초점을 둔 소비 양상을 넘어 자신의 '놀이'와 '재미'를 위해 적극적인 행태를 보이는 측면은 팬덤 패러다임에서 주목할 만한 변화라고 할 수 있다. 이제 팬덤은 수동적이거나 저항적 소비에 머무르지 않는다. 그들은 자신이 원하는 방향으로 해석하고 생산하며, 문화를 주도하는 입구로서 작동하거나, 애정을 기울인 만큼 아이돌 산업의 방향성을 제시하는 능동적 소비자다.

한편, 팬덤은 대중문화 산업의 하향식(top-down) 구조에 의해 포섭되기도 한다. 엔터테인먼트는 아이돌의 데이터베이스를 제공하며 전략적으로 팬덤 비즈니스를 구축한다. 이는 온라인에서 유통되는 각종 미디어 콘텐츠부터 물리적 형태의 굿즈(goods)까지 엔터테인먼트 비즈니스 전략에서 잘 나타난다. 아이돌 팬덤은 자신의 팬 활동을 능동적으로 실천하는 주체지만, 그에 앞서 엔터테인먼트의 하향식 데이터베이스를 기반으로 소비하는 존재다. 이러한 끈끈한 연결은 '팬덤'과 '산업'을 따로 떼어 논의할 수 없는 당위성을 제공한다.

이 책은 그동안 논의되어 온 능동적이거나 산업에 포섭된 팬덤의 양상을 다루면서도, 표면적 현상에 머무르지 않고 그 기저의 원리적 측면을 조망한다. 단순 팬덤의 양상을 설명하는 데 그치는 것이 아니라 팬덤은 왜 능동적인 행태를 보일 수밖에 없는지, 혹은 왜 산업에 포섭된 존재로서 나타나기도 하는지 그 원리를 해석하는 데 목적을 둔다.

팬덤 양상의 기저를 살펴보는 일은 문화 형성의 원리를 탐구할 수 있을 뿐만 아니라, 엔터테인먼트에서 소비자를 이해하는 데에도 도움이 되는 토대를 마련해 줄 것이라 기대한다. 문화 콘텐츠 연구의 핵심은 '문화'를 이해하는 동시에 '산업' 생태계 또한 함께 고려해야 그 의미가 완전하게 드러난다. 이는 모두가 주지하는 사실이다.

진화하는 팬덤

팬덤이란 팬(fan)과 덤(-dom)의 합성어로, 팬과 집합성을 내포하는 팬들, 그리고 팬의 행동 양식이나 규범을 포함하는 문화를 총체적으로 의미한다(홍종윤, 2014). 팬덤은 자신만의 스타일로 아이돌을 수용하기도 하고, 취향에 따른 2차 창작물을 생산하기도 한다. 또한 팬덤 사이에서 자신이 소비 혹은 생산한 콘텐츠를 공유하거나, 이에 관련한 담론을 만들어 내기도 한다(Jenkins, 1992). 나아가 아이돌이 만들어지는 과정부터 활동까지 전반적으로 개입하면서 엔터테인먼트 산업의 한 주축으로 활동하는 모습을 보인다. 아이돌 팬덤은 자신의 유희에 집중하는 능동적이고 창조적인 '생산자'이자, 적극적으로 아이돌 활동에 개입하는 '기획자'로서의 역할도 수행하는 다채로운 면모를 드러낸다.

아이돌 팬덤에 대한 초기의 인식은 다소 부정적이었다. 대중음악 스타에게 열광하는 팬덤은 주로 10대 소녀였으며, 소리를 지르며 과도한 감정 이입을 하는 모습이 한편에서는 병리적 일탈 행위로 묘사되었다(조영한 외, 2024).

1990년대에 들어서 등장한 '서태지와 아이들'은 한국 대중음악사의 결을 바꿨을 뿐만 아니라, 팬덤의 이미지를 전환하는 계기를 제공했다. 서태지와 아이들 팬덤은 음악 산업의 권력에 맞서는 모습을 보여 주면서 기존 스테레오 타입의 팬덤 이미지를 문화 운동의 주체자로 뒤바꾸며 대중의 인식을 변화시켰다(김현정 · 원용진, 2002).

그 후 SM엔터테인먼트사가 H.O.T와 같은 아이돌 그룹을 데뷔시키면서 이른바 1세대 아이돌이 형성되었다. 당시 10대 소녀 팬층을 중심으로 팬클럽이 생겨나기 시작했으며, 문화적 취향을 함께하는 공동체로서의 팬덤 문화가 만들어졌다. 이때에도 대중의 시선 속에서 팬덤은 부정적인 인식의 대상이었지만, 팬덤의 행보는 적극적인 방향으로 전개되었다. 이들 또한 현재의 팬덤처럼 팬픽(fanfic), 팬아트(fanart) 등의 콘텐츠 생산성을 보였으나, 중앙 집권적이고 수직적인 관계의 팬덤 문화 안에서 상위에 있는 사람만이 생산과 공유를 주도할 수 있었다. 공유가 가능한 플랫폼 환경이 제한적이었기 때문에 생산자를 중심으로 형성된 팬클럽 집단에서만 정보 공유가 가능했다(김현지 · 박동숙, 2004).

아이돌 2세대에 이르러 팬덤의 연령층이 확대되는데, 이러한 양상은 팬덤에 대한 사회의 인식을 긍정적으로 변화시키는 계기가 된다. 또한 이때는 소셜 미디어를 통한 다양한 콘텐츠의 유통과 온라인 속 팬 커뮤니티의 확대가 이루어진 시기이기도 하다. 팬덤은 스타를 관리하는 존재(정민우 · 이나영, 2009)이자, 아이돌 산업 안에서 영향력을 행사하는 존재로 변모하게 된다(김수정, 2018).

이러한 디지털 미디어의 출현은 팬덤의 능동적인 생산력을 더욱 부각했다. 팬덤은 소셜 미디어를 통해 정보를 확산하거나, 자신의 계정을 통해 콘텐츠 생산을 주도하며 또 다른 팬덤을 이끄는 허브로서 기능하기도 한다. 또한 자신이 지지하는 아이돌을 스밍(streaming: 아이돌의 음원 차트 순위를 올리기 위해 반복적으로 음악을 듣는 행위)하거나 자발적으로 홍보하여 성공을 견인한다.

이제 팬덤의 무대는 소셜 미디어를 넘어 '팬 플랫폼'이라는 공간으로 확장되었다. 능동적인 생산 주체로서 활동하던 팬덤은 엔터테인먼트의 비즈니스 전략에 따라 하향식으로 기획된 콘텐츠를 적극적으로 소비하는 양상을 보인다. 엔터테인먼트는 스타와의 유대감 형성과 감동적이고 편리한 체험적 요소, 그리고 팬덤이 원하는 향유 소구 지점을 사전에 포착해 활동 방식을 조정해 나간다.

이처럼 복잡하게 얽힌 팬덤과 산업의 관계 앞에서 우리는 그것을 어떻게 해석할 수 있으며, 그 시스템은 어떤 원리로 작동하고 있는가를 고민하게 된다. 이 책은 이러한 고민에 대한 답이다. 그러나 이 책에서 언급하는 단편적 이론만으로는 모든 현상을 설명할 수 없다. 그럼에도 이 책은 팬덤과 산업의 관계에서 형성된 작동 결과가 어떤 이유로 표면화되는지에 대한 해답을 제공하고자 했다. 또한 앞으로 이러한 기저의 탐구가 확대될 수 있도록 학술적 기반을 마련하는 데 기여할 수 있기를 기대한다. 이제는 팬덤의 현상적인 특징을 탐구하는 데서 나아가 왜 그런 행동이 나타나는지를 설명할 수 있는 원리적 관점의 접근이 필요한 때다.

책의 구성

이 책이 다루고자 하는 핵심은 문화적 혹은 산업적 관계에서 파생되는 팬덤 양상의 원리적 측면이다. 이를 설명하기 위해 기존 팬덤 연구에서 사용했던 이론을 넘어 다양한 분야의 틀을 적극적으로 차용할 것이다. 구체적으로 팬덤 측면에서 포스트모던 사회의 수용자 이론뿐만 아니라 게이미피케이션(gamification) 개념, 산업 측면에서 번 슈미트(Bernd Schmitt)의 체험 마케팅, 발터 베냐민(Walter Benjamin)의 아우라 이론을 통해 팬덤과 산업 전략 기저의 원리를 심층적으로 분석할 것이다. 더불어 팬덤의 행태적 측면을 이해하기 위해 유전학 이론을 기반으로 한 자연과학적 해석도 진행할 것이다. 이러한 문화 콘텐츠 소비자인 팬덤을 이해하기 위한 다층적이고 다각적인 접근은 팬덤 연구의 학문적 지평을 넓힐 수 있는 가능성을 제시해 줄 수 있을 것이라 기대한다.

다시 강조하지만 이 책은 지금 이곳의 팬덤의 특징과 산업 전략을 단순히 읽어 내는 데 그치지 않고 '왜 그리고 어떻게 작동되는가?'에 중심을 두고 기저의 원리를 파악하는 것에 목적을 둔다. 이와 함께 팬덤의 양상뿐만 아니라 이들이 만들어 내는 텍스트, 그리고 환경적 맥락인 미디어와 엔터테인먼트 산업의 전략까지 종합적으로 살펴볼 것이다.

이 책은 필자가 그동안 작성했던 아이돌 팬덤에 대한 논문을 토대로 둔다. 더불어 책을 쓰는 과정에서 새롭게 발견되는 현재의 핵심 이슈들을 반영해 구성했다. 팬덤 문화의 동적인 측면과 이를 둘러싼 역동적인 콘텍스트(context) 역시 분석했다.

이 책의 구성은 다음과 같다. 1장에서는 아이돌 팬덤의 통시적 변화를 다룬다. 가장 많이 활용되는 '세대론'을 통해 지금까지 다양한 연구자에 의해 분류된 아이돌 팬덤의 특징을 살핀다. 엔터테인먼트 산업의 전략과 미디어의 변화에 따라 다양한 세대로 규정지어지는 팬덤의 특징적 흐름을 정리해 제시한다.

2~6장에서는 팬덤의 능동적이고 유희적인 측면으로 파생되는 2차 저작물을 다룬다. 먼저 2차 생산물인 팬덤 콘텐츠의 구조적 형태와 종류를 체계적으로 분류한다. 이어 팬덤 콘텐츠가 만들어지는 원리와 지속 동력을 게이미피케이션 개념을 통해 알아본다. 구체적으로 팬덤 콘텐츠를 둘러싼 형식적 층위뿐만 아니라, 팬덤의 경험적 층위인 다이내믹스(dynamics), 이를 둘러싼 문화적 맥락인 에스테틱스(aesthetics)를 모두 포함해 다각적으로 탐구한다. 팬덤 콘텐츠가 생성되는 디지털 미디어 환경은 게임적 사고의 핵심이 되는 메카닉스(mechanics) 측면을 지니고 있다. 그러나 팬덤 콘텐츠는 일반 플레이어와는 달리 '팬덤'이라는 특수한 소비자와 결부되어 있다. 따라서 팬덤의 향유 특징을 고려해 기존 게이미피케이션에서 논의되는 메카닉스 형태의 확장된 개념을 제시하여 분석을 진행하고자 한다. 더불어 생산 동력을 고취하는 다이내믹스 요소와 게이미피케이션을 가능하게 하는 환경적 맥락 체계, 그리고 이 안에서 팬덤이 새롭게 만들어 낸 문화적 측면인 에스테틱스를 정밀하게 살핀다.

7장에서는 공통으로 드러나는 팬덤의 콘텐츠 생산 원

인에 주목한다. 팬덤 콘텐츠의 생산 동력 가운데 하나인 '자기표현'은 팬덤에게서 드러나는 핵심적 요소다. 이런 '자기표현'을 위해 콘텐츠를 생산하는 팬덤의 현상적 원리를 유전학의 '확장된 표현형' 이론을 통해 밝힌다.

앞선 장들이 팬덤의 능동성과 결부된 상향식(bottom-up) 콘텐츠에 관련된 내용을 다뤘다면, 8~9장에서는 엔터테인먼트의 하향식 시스템에 중점을 둔다. 현재 아이돌 팬덤의 주요 향유 공간으로 지목되는 팬 플랫폼의 비즈니스 전략을 번 슈미트의 체험 마케팅 이론으로 규명하여 팬덤 향유 관계를 통찰한다. 더불어 팬덤이 열광하는 포토 카드 구매 현상을 베냐민의 아우라 이론을 기반으로 제시한다. 포토 카드는 엔터테인먼트에서 전략적으로 행하는 아우라 형성과 팬덤이 만들어 내는 탈아우라 양상의 경계에 서 있다. 이런 현상이 포토 카드의 가치를 어떻게 증대시키는지 구체적인 분석을 통해 설명한다.

마지막 10장에서는 아이돌의 개념적 확장에 이바지한 버추얼 아이돌(virtual idol, 가상의 아이돌)의 유형을 살피고, 대표적인 버추얼 아이돌인 '플레이브(PLAVE)'를 중심으로 새롭게 형성된 아이돌 팬덤의 향유 문화를 고찰한다. 더불어 논의의 연장선에서 앞으로의 엔터테인먼트 산업과 미디어, 그리고 팬덤의 전개 방향을 전망한다. 팬덤을 둘러싼 맥락과 활동 공간, 그리고 텍스트를 살펴보며 팬덤의 진화를 예상해 보고자 한다.

이 책은 주체성을 지니면서도 산업에 포섭되기도 하는 아이돌 팬덤의 향유 현상과 그 기저의 원리를 규정하는 데 목적을 두었다. 이를 통해 현재 팬덤의 행동 근간을 확인하는 동시에, 앞으로의 팬덤 양상을 예측할 수 있는 인사이트를 제공하고자 했다.

참고문헌

김수정(2018). 팬덤과 페미니즘의 조우. ≪언론정보연구≫, 55(3), 47-86쪽.

김현정 · 원용진(2002). 팬덤 진화 그리고 그 정치성: 서태지 팬클럽 분석을 중심으로. ≪한국언론학보≫, 46(2), 253-278쪽.

김현지 · 박동숙(2004). 온라인 팬덤: 접근성의 강화에 따른 팬들의 즐기기 방식. ≪미디어, 젠더&문화≫, 2호, 41-69쪽.

정민우 · 이나영(2009). 스타를 관리하는 팬덤, 팬덤을 관리하는 산업: '2세대' 아이돌 팬덤의 문화 실천의 특징 및 함의. ≪미디어, 젠더&문화≫, 12권, 191-240쪽.

조영환 외(2024). 『한류 탐색 역사와 이론』. 컬처룩.

홍종윤(2014). 『팬덤 문화』. 커뮤니케이션북스.

Jenkins, H.(1992). *Textual poachers: Television fans & participatory culture*. New York: Routledge.

01

아이돌 팬덤 문화

아이돌 팬덤은 시대의 흐름에 따라 그 문화 양상도 변화해 왔다. 팬덤 문화를 이해하기 위해서는 아이돌을 둘러싼 맥락적 흐름을 탐구할 필요가 있다. 이를 위해 아이돌 세대론에 따른 팬덤 문화를 1세대에서 5세대까지 정리해 제시한다.

아이돌 팬덤 톺아보기

한국의 아이돌 문화를 이야기할 때 빼놓을 수 없는 것이 바로 '팬덤(fandom)'이다. 팬덤은 시대의 흐름에 따라 국내를 넘어 국외까지 그 영역을 확장해 왔다. 음악의 혼종화, 아이돌 그룹의 다국적화, 글로벌 미디어 플랫폼의 출현 등 아이돌을 둘러싼 사회 문화적 환경은 팬덤을 글로벌하게 구축할 수 있는 기반을 마련해 주었다.

아이돌 팬덤은 다른 어떤 국가에서도 찾아볼 수 없는 특별함을 담고 있다. 팬덤은 아이돌의 든든한 조력자이자 아이돌 문화를 주도하는 생산자다. 방탄소년단(BTS)의 팬덤 아미(ARMY)가 자신의 아이돌을 세계 시장에서 활약할 수 있도록 적극적으로 관리하고 홍보한 것은 유명한 사실이다. 이렇게 팬덤의 실천 역량은 음악 산업에 다양한 가능성으로 작용하며 주목받고 있다.

아이돌 팬덤은 시대의 흐름에 따라 그 문화 양상도 변화를 거쳤다. 가장 보편적으로 아이돌 팬덤을 통시적으로 묶는 방식은 아이돌의 세대에 따라 구분하는 것이다. 이러한 세대 구분은 아이돌의 활동 시기와 그 시기를 특징짓는 맥락을 기준으로 나뉜다. 이런 구분 기준은 1세대를 시작으로 5세대 담론까지 그 기틀을 잡아 가고 있다. 아이돌 팬덤의 특징을 세대별로 구분하기 위해 아이돌의 활동 시기, 대표 아이돌의 특징, 엔터테인먼트 비즈니스 전략, 타깃, 팬덤의 성격을 중심으로 각 세대의 논의를 살펴보고자 한다.

아이돌 팬덤 1세대

아이돌 1세대는 1990년대 후반에 활동한 H.O.T, 젝스키스, S.E.S, 핑클과 같은 그룹이다. 이들은 SM엔터테인먼트와 대성기획(현 DSP미디어)과 같은 당시 주요 연예 기획사에서 기획 · 제작되었다. 이러한 아이돌 그룹은 강도 높은 훈련을 거쳐 활동을 준비했으며, 노래와 춤을 함께 선보이는 댄스 가수의 형태로 데뷔했다. 당시 SM엔터테인먼트의 수장이었던 이수만이 인터뷰에서도 언급했듯이, 연예 기획사는 '캐스팅-트레이닝-프로듀싱-매니지먼트'로 세분화하고 체계화해 아이돌 데뷔 매뉴얼을 만들었다. 이는 현재까지 이어 오는 아이돌 시스템의 근간이라고 할 수 있다.

아이돌 1세대의 주요 시장은 국내 10대 청소년층이었다. 이들을 중심으로 팬덤 문화도 형성되었다. 팬덤에게 아이돌은 '우상'으로 그려졌으며, 숭배에 가까운 열광적인 환호를 보이는 소비 메커니즘을 보였다. 이 시기에는 팬클럽이 우후죽순으로 생겨나기도 했으며 팬클럽 회장과 같은 허브를 중심으로 중앙 집권화된 시스템 안에서 팬 활동이 이루어졌다. 팬덤은 팬픽(fanfic)이나 팬아트(fanart)와 같은 생산성을 보이기도 했으나, 미디어의 한계로 인해 재생산물이 모든 팬덤에게 도달하기에는 어려움이 따랐다.

아이돌 팬덤 2세대

아이돌 2세대는 2000년대 초반부터 활동한 그룹이다. 동방신기, 슈퍼주니어, 소녀시대, 카라, 원더걸스, 빅뱅 등과 같은 그룹이 이에 속한다. 1세대와 2세대의 경계에 있는 보아(BoA)가 일본 진출에 성공하면서 주요 기획사들이 아이돌의 해외 시장 진출을 본격화한 것이 특징이다. 이에 따라 동방신기, 슈퍼주니어가 일본과 중화권에서 큰 성공을 거두었으며, 소녀시대, 카라가 일본에서 주목받았다. JYP엔터테인먼트 소속이었던 원더걸스는 미국 시장에서 실패했지만, 빌보드 핫 100(Billboard Hot 100) 차트 76위에 오르는 등 의미 있는 성과를 거두기도 했다.

아이돌 1세대와 달리 2세대 아이돌은 음악 방송뿐만 아니라 TV 예능이나 드라마와 같은 다양한 분야로 활동 영역을 확장했다. 이런 활동은 팬덤의 연령층을 넓히는 계기가 되었으며, '삼촌 팬', '이모 팬'과 같은 신조어가 생겨나기도 했다(김수아, 2011; 강연곤, 2011). 팬덤의 구성 주체가 변화한 만큼 팬덤을 향한 대중의 시선도 점차 달라지기 시작했다.

팬덤과 아이돌의 관계에서도 변화가 나타났다. 과거에는 팬덤이 숭배의 대상을 조건 없이 추종하는 존재였다면, 2세대부터는 필요에 따라 아이돌을 향유하는 '고객님'으로 그 양상이 변모한다(정민우 · 이나영, 2009). 또한 팬덤은 기존 미디어 산물을 넘어 디지털 문화의 적극적인 실천을 통해 권력을 확장(김수아, 2014)했다는 점이 특징이다. 더불어 기존에는 아이돌에게 배타적인 충성과 애정을 쏟았다면, 동시에 중첩된 애정(정민우 · 이나영, 2009)을 보이는 팬덤의 양상도 관찰된다.

이 중 가장 주목해야 할 팬덤의 양상은 소셜 미디어를 활용해 다양한 2차 저작물을 생산하고 공유하는 활동을 전개한다는 것이다. 이는 디지털 미디어의 발전에 따라 변화된 팬덤 문화의 한 단면이라 할 수 있다. 팬덤이 활동할 수 있는 공간적 기반이 확장되면서 다양한 글로벌 팬덤이 유입될 수 있는 환경을 구축했다는 것도 주목할 만한 특징이다.

아이돌 팬덤 3세대

아이돌 3세대는 2010년대 초반부터 활동한 방탄소년단, 블랙핑크, 엑소, 트와이스 등을 포함한다. 이들은 소셜 미디어 플랫폼을 통해 영향력을 키워 국내외의 성장뿐만 아니라 팬덤 연령층의 확대를 이루었다는 특징을 갖는다. 특히 디지털 미디어의 발달은 동아시아와 동남아시아 중심이었던 아이돌 시장을 미국, 유럽까지 확장할 수 있는 기반이 되었다. 아이돌의 역사를 다시 쓴 방탄소년단은 꾸준히 소셜 미디어를 활용해 팬덤과 소통하며 전략적인 유대감을 쌓은 것으로 유명하다. 이들이 미디어 소통을 통해 보여 준 '진정성'은 팬덤 조성 과정에 큰 역할을 했다.

미디어의 변화는 팬덤의 활동 양상에도 큰 변화를 가져왔다. 특히 유튜브 플랫폼은 팬덤이 다양한 2차 저작물을 생산하는 공간으로 기능했다. 팬덤은 1차 저작물의 편집본은 물론, 커버 송, 커버 댄스, 팬 자막 등의 영상을 적극적으로 공유했다. 또한 자신이 지지하는 아이돌을 홍보하거나 서포트하는 열정적인 모습도 보였다. 이러한 팬덤의 적극적인 참여 문화는 팬덤 영향력의 가능성을 제시했다는 점에서 큰 의의가 있다.

이 시기에 엔터테인먼트는 '세계관' 전략을 통해 팬덤의 확장된 몰입 경험을 제공하기도 했다. 팬덤은 트랜스미디어 스토리텔링 방식으로 전개된 세계관의 파편을 직접 찾아내고 해석해 2차 저작물로 만들어 내는 양상을 보였다. 이런 향유 방식은 팬덤 문화를 더욱 풍부하게 했다.

더불어 서바이벌 오디션 프로그램이 성행하면서 '양육' 하는 팬덤 문화가 새롭게 등장하기도 했다(신윤희, 2018). 팬덤은 국민 프로듀서로서 직접 아이돌을 선발하고 양성하는 등 제작 헤게모니를 뒤바꾸는 문화를 형성했다. 팬덤은 점차 주체적이고 기획 능력을 갖춘 소비 형태로 팬덤 문화를 만들어 나갔다.

아이돌 팬덤 4세대

아이돌 4세대는 2020년대에 탄생한 스트레이 키즈, 투모로우바이투게더, 에스파, ITZY(있지), 뉴진스(현 NJZ), IVE(아이브)와 같은 그룹이다. 이들은 아이돌 3세대가 글로벌 인지도를 크게 올려놓은 덕에 데뷔 때부터 글로벌 팬덤을 보유한다는 특징이 있다(김윤지, 2023). 아이돌 4세대는 음악에 '자기애'를 표현, 3분이 넘지 않은 짧은 노래 길이, 챌린지를 통한 팬덤과의 소통 등이 특징적이라고 할 수 있다. 음악은 해외 작곡가들의 참여로 만들어지는 양상을 보이는데, 이는 더욱 글로벌한 팬덤을 겨냥한 전략이라고 볼 수 있다. 또한 해외를 타깃으로 기획된 아이돌이

늘어나면서 팬덤 또한 국내 인기를 바탕으로 해외로 퍼져 나가는 공식이 아닌 해외에서부터 인지도를 쌓는 경우도 생겨나고 있다.

팬덤 4세대는 소셜 미디어를 넘어 '팬 플랫폼'으로 그들의 무대를 확장했다는 것이 특징이다. 팬 플랫폼의 등장은 팬덤의 파편화된 향유 요소를 상위 구조에서 미리 조합해 하향식으로 제공한다는 점에서, 팬덤의 생산자로서의 정체성과 기능을 부분적으로 약화하는 양상을 보이기도 했다. 이는 팬덤 스스로 취향과 결핍이 쉽게 채워지는 구조 속에서 점차 '생산자'에서 '유저'로 이동하도록 향유 양상의 변화를 부추긴다(오윤지, 2024). 그럼에도 팬덤은 유저인 동시에 적극적인 생산 양상을 보이기도 한다. 더불어 팬 플랫폼에서 행해지는 아이돌과의 대화 기능은 팬덤 유대감 형성에 크게 이바지했다.

아이돌 팬덤 5세대

아이돌 5세대는 4세대와 구분했을 때 변화가 명확하지 않아 이 세대의 논의를 적극적으로 진행하기에는 어려움이 따른다. 그러나 아이돌 5세대에서 가장 큰 변화 양상은 버추얼 아이돌(virtual idol, 가상의 아이돌)이 대중문화의 한 축으로 진입했다는 것이다. 버추얼 아이돌의 성장은 대중음악계에서 매우 두드러지게 나타났는데, '플레이브'의 경우, 초동 밀리언 셀링 기록과 더불어 콘서트를 성황리에 개최하는 등 팬덤의 주목을 받는 성과를 이루어냈다.

이에 따라 팬덤 문화는 새로운 전환점을 맞이하고 있다. 버추얼 아이돌의 활동은 팬덤의 인지적 향유 방식에 새로운 양상을 불러왔다는 점에서 주목할 만하다. 아이돌 2세대 팬덤부터 시작된 연령의 스펙트럼은 더욱 넓어져 알파 세대와 같은 새로운 세대층이 중심으로 등장했으며, 글로벌로 확장된 팬덤 문화가 지역성과 결합해 특별한 문화로 자리 잡기도 했다. 이렇게 팬덤 문화는 '동적'이기 때문에 변화하는 형질을 꾸준히 관찰할 필요가 있다.

참고문헌

강연곤(2011). '걸그룹 삼촌팬'들을 위한 변명. ≪대중음악≫, 8호, 9-45쪽.

김수아(2011). 소녀 이미지의 볼거리화와 소비 방식의 구성: 소녀 그룹의 삼촌 팬 담론 구성. ≪미디어, 젠더&문화≫, 15호, 79-119쪽.

김수아(2014). 소셜 웹 시대 팬덤 문화의 변화. ≪사이버커뮤니케이션학보≫, 31(1), 45-94쪽.

김윤지(2023). 『한류외전』. 어크로스.

송미희(2022.11.30). 이수만, CNBC 인터뷰 "한국이 선보이는 것이 전 세계의 문화가 될 것". ≪BNT뉴스≫, https://www.bntnews.co.kr/article/view/bnt202211300038

신윤희(2018). 팬덤 3.0. 연구: '참여' 모델의 '양육'형 팬덤. '워너원(WANNA· ONE)' 팬덤을 중심으로. 서강대학교 석사학위논문.

오윤지(2024). 버추얼 아이돌 팬덤의 향유 문화 연구. ≪한국콘텐츠학회논문지≫, 24(2), 184-192쪽.

정민우 · 이나영(2009). 스타를 관리하는 팬덤, 팬덤을 관리하는 산업: '2세대' 아이돌 팬덤의 문화 실천의 특징 및 함의. ≪미디어, 젠더&문화≫, 12권, 191-240쪽.

02

아이돌 팬덤 콘텐츠

소셜 미디어 플랫폼의 등장은 팬덤의 향유 문화를 변화시켰다. 기술의 발전이 팬덤 향유의 맥락과 흐름에 변화를 가져온 것이다. 이런 흐름에 따라 이 장에서는 유튜브 속 아이돌 팬덤 콘텐츠를 1차 콘텐츠 기반-지식적 정보, 1차 콘텐츠 기반-감각적 정보, 생산자 창의 기반 생성-지식적 정보, 생산자 창의 기반 생성-감각적 정보 등 네 유형으로 나누어 살펴본다.

아이돌 팬덤의 향유 환경

소셜 미디어의 등장은 팬덤의 향유 문화를 변화시켰다. 기술의 발전이 팬덤 향유의 맥락과 흐름을 재구성한 것이다. 기존에 오프라인을 중심으로 활성화되던 다양한 팬덤 활동이 온라인 환경으로까지 확대되면서, 대부분 하향식 콘텐츠를 소비하는 모습으로 존재했던 팬덤은 직접 콘텐츠를 기획하고 생산하며 보다 적극적인 주체로 변화하며 새로운 향유 패러다임을 보여 준다. 이들은 '아이돌-기획사-팬덤'이라는 엔터테인먼트 산업 3자 구도(박영은, 2021)의 큰 축으로서 새로운 팬덤 유입의 선순환을 구축하는 데 기여하고 있으며, 팬덤의 생성과 지속 동력을 주도하는 위치에 서게 됐다.

팬덤은 모바일 플랫폼을 통해 적극적으로 콘텐츠를 반복 생산하고, 스타에 대한 콘텐츠를 트랜스미디어 스토리텔링 방식으로 확장하며 향유 활동을 지속한다. 팬덤 콘텐츠를 자유롭게 생성하고 향유하는 활동은 스마트폰 보급의 확대에 기반하고 있으며, 특히 유튜브 플랫폼을 활용한 팬덤 활동은 전 세계 사람들과의 네트워크 상호 작용을 촉진하고 있다.

유튜브와 아이돌 팬덤 콘텐츠

이런 흐름에 따라 이 장에서는 유튜브(YouTube) 속 아이돌 팬덤 콘텐츠의 유형을 살펴보고자 한다. 유튜브는 향유자의 적극적이고 주도적인 참여를 이끌어 아이돌 콘텐츠가 글로벌로 확산하는 데 크게 이바지했다(김수철 · 강정수, 2013; 노경민 · 이홍식, 2021; 홍석경, 2013). 이런 연구 사례는 유튜브 플랫폼이 전 세계 아이돌 팬덤의 주요 향유의 공간임을 시사한다.

현재 유튜브에서 활성화된 팬덤 콘텐츠는 기획사와 같은 상위 구조에서 배포한 하향식 콘텐츠와 팬덤이 생성한 상향식 콘텐츠가 공존하나, 상향식 콘텐츠가 주를 이루며 사용자의 향유 프로세스를 이끌고 있다. 이는 오로지 콘텐츠의 제작을 주도했던 상위 생성 구조의 헤게모니를 역전시키는 결과를 가져왔으며, 일반 향유자가 콘텐츠 생성과 공유를 촉발할 수 있는 계기를 제공했다.

이러한 플랫폼의 성격에 따라 팬덤 콘텐츠의 형식도 변화를 겪고 있다. 오직 글로 승부를 판가름했던 '팬픽(fanfic)'은 유튜브 속에서 영상 미학과 음악이 더해진 더욱 감성적인 서사물로 재탄생했으며, 스타의 방문지를 순례하는 등 자신의 덕질 일상을 담은 '브이로그(Vlog)'가 팬덤 사이에서 활발히 공유되고 있다. '굿즈 언박싱 영상'은 입체적으로 상품을 개봉하는 과정을 담아 팬덤의 문화 · 경제적 소비와 공존하는 양상을 보이고 있다. 이렇듯 팬덤 콘텐츠는 미디어 플랫폼 속에서 역동적으로 생성되고 향유되며 다채로운 팬덤 활동의 지형을 드러낸다.

'분류한다는 것'은 체계와 방향을 제시하는 틀이다. "사유 대상이 속한 사물들 사이의 같고 다름, 이동성에 대한 분별이 없이 체계적인 성찰과 분석은 가능하지 않기 때문에"(최유찬, 2000) 분류 작업은 필수적으로 이루어져야 하는 과정이다. 이에 따라 아이돌 팬덤이 유튜브 플랫폼을 통해 다양한 생산 활동을 어떻게 전개하고, 구체적으로 어떤 콘텐츠가 생성되고 있는지 그 양상과 지형에 대한 분류를 시도하고자 한다.

아이돌 팬덤 콘텐츠의 네 가지 유형

유튜브에 현존하는 아이돌 팬덤 콘텐츠의 가장 큰 특징은 장르적 · 내용적 '다양화'에 있다. 이를 분류하기 위해 다양한 아이돌 팬덤 콘텐츠를 검토해 규칙적인 형태와 요소를 범주화했다. 아이돌 팬덤 콘텐츠를 체계적으로 유형화하기 위해 '생성 구조 형식'과 '생성 요소'를 분석 틀로 삼았다. 이 프레임은 아이돌 팬덤 콘텐츠의 특징을 특정 형식에 한정하지 않고 종합적인 시각으로 통찰하게 해 주고,

모든 종류를 포함할 수 있다는 점에서 유용하게 활용되었다.

'생성 구조 형식'은 콘텐츠를 보다 포괄적으로 수용할 수 있는 방법적 근거를 제시한다. 즉 소재, 주제, 형식, 생산자의 취향 등 다양한 내용적 측면을 지닌 아이돌 팬덤 콘텐츠를 포괄할 수 있는 거시적인 생성 방향을 제공하는 것이다. 이에 따라 먼저 아이돌 팬덤 콘텐츠의 '생성 구조 형식'의 패턴을 살펴보았다. 아이돌 팬덤 콘텐츠의 유형은 크게 두 가지 요소로 도출되었는데, 하나는 '1차 콘텐츠 기반 생성' 콘텐츠이며, 다른 하나는 '생산자 창의 기반 생성' 콘텐츠다.

'1차 콘텐츠 기반 생성' 콘텐츠는 기존에 존재하는 아이돌 콘텐츠, 이를테면 상위 구조에서 제시하는 하향식 콘텐츠를 보존하면서 팬덤이 그 내용을 활용하거나 변형해 재구조화한 콘텐츠를 의미한다. 이는 기존 콘텐츠의 부분적 혹은 전체적 형태를 그대로 사용하면서도 콘텐츠의 의미나 구성적 측면을 확장하는 방식을 가리킨다.

반면 '생산자 창의 기반 생성' 콘텐츠의 범주는 아이돌 대상과 관련된 모든 요소를 활용해 팬덤이 새롭게 창조한 콘텐츠를 말한다. 이는 '1차 콘텐츠 기반 생성'의 부류보다 콘텐츠의 소재나 주제의 선택이 열린 형태로 생성되는 특징을 보인다.

'생성 구조 형식'과 함께 살펴본 팬덤 콘텐츠의 '생성 요소'는 '지식적 정보' 전달과 '감각적 정보' 전달이라는 두 가지 특징으로 구분되었다. '지식적 정보' 전달은 콘텐츠가 지닌 지식적 내용뿐만 아니라 서사성이 드러나는 부류다. 한편 '감각적 정보' 전달은 향유자에게 시각 · 청각 · 촉각 등과 같은 감각적 요소를 중심으로 정보를 제공하는 콘텐츠다.

이를 종합해 보면 ① 1차 콘텐츠 기반-지식적 정보, ② 1차 콘텐츠 기반-감각적 정보, ③ 생산자 창의 기반 생성-지식적 정보, ④ 생산자 창의 기반 생성-감각적 정보라는 네 가지 기준으로 유형화할 수 있다. 이는 아이돌 팬덤 콘텐츠의 '생성 구조 형식'과 내용적 측면에서 드러나는 주된 '생성 요소'를 고려한 것으로, 다양한 아이돌 팬덤 콘텐츠를 포괄할 수 있는 분류 기준이 된다.

아이돌 팬덤 콘텐츠의 유형별 특성

① 1차 콘텐츠 기반-지식적 정보는 지식적 정보 전달에 중심을 두고 생성된 콘텐츠로, 1차 콘텐츠가 변형되어 배포된 형태를 의미한다. 이 유형은 팬덤 콘텐츠로 재생산되면서 원본 형식을 유지한 채 콘텐츠가 확장되거나 축소된

형태로 존재하는 것이 특징이다. 대표적인 팬덤 콘텐츠로는 '팬 자막'과 '뮤직비디오 해석' 등이 있다. '팬 자막'의 경우 기존 콘텐츠를 보존하면서 번역 자막을 달거나, 문화 요소의 설명을 추가하는 등 지식적 내용을 전달하는 데 목적이 있다. '뮤직비디오 해석' 또한 그 내용을 심층적으로 분석·해석해 지식을 전달하는 모양새다.

② 1차 콘텐츠 기반-감각적 정보는 감각적 정보를 중심으로 1차 콘텐츠를 기반으로 생성된 유형을 말한다. 대표적인 팬덤 콘텐츠로는 '부분 편집', '교차 편집', '플레이리스트' 등이 있다. '부분 편집'은 팬덤 자신이 좋아하는 영상 일부분을 편집한 것이며, '교차 편집'은 아이돌의 무대 영상을 혼합해 만든 것이다. '플레이리스트'는 아이돌 음악을 활용해 테마에 맞게 만들어 놓은 음악 목록이다. 이런 팬덤 콘텐츠 사례들은 모두 청각·시각 등의 감각적 요소를 중점으로 생성한 것들이라고 할 수 있다.

③ 생산자 창의 기반 생성-지식적 정보는 아이돌과 관련된 지식적 정보 전달이 목적이면서 팬덤이 새롭게 내용을 생성한 콘텐츠를 의미한다. 대표적인 팬덤 콘텐츠로는 '굿즈를 이용한 방 꾸미기', ' 언박싱 후기', '팬픽' 등이 있다. '굿즈를 이용한 방 꾸미기'는 콘텐츠 생산자인 팬덤이 방을 꾸미는 방법을 굿즈를 활용해 설명하는 콘텐츠다.

'언박싱 후기' 또한 굿즈, 앨범 등의 박스를 열어 보면서 상품에 대한 정보를 전달한다. '팬픽'은 주지하다시피 아이돌을 주인공으로 설정해 이야기라는 정보를 창작해 전달하는 특징이 있다.

④ 생산자 창의 기반 생성-감각적 정보는 시각 · 청각 등과 같이 감각적 정보를 전달하면서도 팬덤이 새롭게 내용을 생성한 콘텐츠를 의미한다. 대표적인 팬덤 콘텐츠로는 '팬 캠', '커버 송' 등이 있다. '팬 캠'은 아이돌의 모습을 직접 찍은 영상으로 시각적 요소에 초점을 둔다. '커버 송'은 팬덤이 커버한 음악으로 청각적 정보를 전달하려는 목적이 있는 유형이다.

지금까지 팬덤 콘텐츠를 분석해 범주화했으나, 유의해야 할 점은 위에서 제시한 장르 사례가 다른 유형으로 전환될 수 있다는 점이다. 예를 들어 ③ 생산자 창의 기반 생성-지식적 정보 사례인 언박싱 영상이 ASMR 형태로 만들어졌다면, 이는 ④ 생산자 창의 기반 생성-감각적 정보가 된다. 이는 생산자인 팬덤이 스토리텔링 방식을 어떻게 구성하느냐에 따라 유형이 달라질 수 있기 때문이다. 따라서 특정 장르가 하나의 유형에 고정되어 있다고 단정하기는 어렵다. 또한 하나의 팬덤 콘텐츠가 네 가지 유형 중 두 가지 이상의 특징을 동시에 지닐 수도 있는데, 이 경우에는 혼합 유형으로 이해할 수 있다.

참고문헌

김수철 · 강정수(2013). 케이팝에서의 트랜스미디어 전략에 대한 고찰: 〈강남스타일〉 사례를 중심으로. ≪언론정보연구≫, 50(1), 84-120쪽.

노경민 · 이홍식(2021). K-Pop의 수출효과: YouTube를 이용한 분석. ≪국제통상연구≫, 26(2), 33-56쪽.

박영은(2021). 『엔터테인먼트 경영 전략』. 커뮤니케이션북스.

오윤지 · 김치호(2022). K-Pop 팬덤 콘텐츠의 유형 연구: 유튜브 플랫폼을 중심으로. ≪문화 콘텐츠연구≫, 26호, 211-248쪽.

오윤지(2023). K-Pop 팬덤 콘텐츠 생성 구조 연구. 한양대학교 박사학위논문.

최유찬(2000). 게임의 장르와 역사. ≪문학교육학≫, 5권, 217-244쪽.

홍석경(2013). 세계화 과정 속 디지털 문화 현상으로서의 한류: 프랑스에서 바라본 한류의 세계적 소비에 대한 이론적 고찰. ≪언론정보연구≫, 50(1), 157-192쪽.

03

아이돌 팬덤과 게이미피케이션

팬덤의 향유 원리는 게임 프레임으로 바라볼 수 있다. 팬덤이 참여하는 대부분의 생산 활동은 자발적 참여와 팬덤의 취향과 역량에 따라 이루어지며, 그 과정에서 자연스럽게 몰입 상태에 이른다. 이 몰입은 즐거움을 발생시키고, 결국 생산 활동은 놀이적 성격을 내포하게 된다.

아이돌 팬덤의 생산과 게이미피케이션

아이돌 팬덤에게는 자체적인 생산력이 있다. 누가 시키지 않았음에도 다양한 생산 활동을 한다. 그들은 콘텐츠 생산에서 각자의 목적과 목표를 지니고, 취향과 역량에 따라 실천한다는 점에서 즐거움과 몰입이 발생할 수밖에 없는 구조에 놓여 있다.

팬덤은 콘텐츠 생성에서 자신에게 적절한 난이도를 선택하게 된다. 팬덤 누구나 팬덤 콘텐츠 생산자가 될 수 있지만, 모든 팬덤이 '팬픽(fanfic)' 콘텐츠 생산자가 아니듯, 팬덤은 각자의 취향과 역량에 따라 생산의 종류를 결정짓는다. 이러한 팬덤의 생산 경험은 몰입적 경험으로 이어진다. 미하이 칙센트미하이(Mihaly Csikszentmihalyi)는 "본인이 가장 좋아하는 일을 할 때" 그리고, "명확한 목표가 주어져 있고, 활동의 효과를 곧바로 확인할 수 있으며, 과제의 난이도와 실력이 알맞게 균형을 이룰 때" 몰입이 발생한다고 설명했다(Csikszentmihalyi, 2020).

또한 즐거운 몰입 경험이 이루어지는 팬덤의 생산 활동은 넓게 보아 '놀이'로 해석할 수 있다. 다양한 연구에서 밝히고 있듯, 팬덤은 콘텐츠의 참여 의미를 욕구와 정서 표출을 위한 '즐거움'이라는 놀이적 속성으로 지각하고 있다(강신규 · 이준형, 2019; 김영한 · 정회경, 2019). 이 같은 사실은 팬덤 콘텐츠의 생산 시스템을 게임적 프레임으로 바라볼 수 있는 근거를 제공한다.

팬덤 콘텐츠를 게임적 프레임으로 해석하기 위해서는 게이미피케이션(gamification) 개념을 핵심적인 분석 도구로 활용할 수 있다. 게이미피케이션의 기본적 사고는 비게임 영역에서 "게임적인 사고와 기법을 활용해 이용자를 몰입시키는"(Zichermann & Cunningham, 2012) 데 있다. 즉, 몰입과 즐거움이 파생되는 비게임 영역인 팬덤 콘텐츠 생산 시스템의 동력 역시 게이미피케이션 개념으로 파악이 가능하다는 의미다. 게이미피케이션은 아직 정교한 분석 체계와 통일된 개념이 확립되지 않았으며, 다양한 담론이 갈래를 이루고 있다. 그러나 이에 대한 논의는 꾸준히 진행되고 있으며, 특히 이를 주도하는 것은 비즈니스 분야라고 할 수 있다(권보연, 2015).

존 라도프(John Radoff)는 게이미피케이션을 '순위표, 배지 시스템, 포인트 시스템'과 같은 게임 디자인의 도구뿐만 아니라 그곳에서 파생되는 플레이어의 경험과 감정의 중요성을 강조한다(Radoff, 2011). 애런 디그넌(Aaron Dignan)은 게이미피케이션을 적용할 때 메카닉스뿐만 아니라 경험적 측면인 다이내믹스 부분을 적절히 활용해 즐거움을 제공해야 한다고 설명한다(Dignan, 2013). 또한 게임의 사회적 확장을 연구하는 제인 맥고니걸(Jane Mc Gonigal)은 게임 디자인 방법론인 형식(메카닉스)과 역학(다이내믹스) 그리고 미학(에스테틱스)을 모두 포괄하여 게이미피케이션된 사회적 확장을 긍정적으로 바라본다(McGonigal, 2012).

지금껏 제시한 게이미피케이션 연구자들의 정의에서 살펴볼 수 있듯, 게이미피케이션을 이해하기 위해서는 대상과 그를 둘러싼 다양한 층위의 맥락이 함께 고려되어야 한다는 방향성이 제시된다. 따라서 팬덤 콘텐츠의 게임적 생산 시스템을 파악하기 위해서는 '메카닉스(형식)', '다이내믹스(경험)', '에스테틱스(미학)'의 층위를 입체적이고 치밀하게 살펴보아야 한다. 이는 'MDA 프레임워크'로 게이미피케이션 논의에서 자주 활용되는 게임 디자인 방법론이다. 팬덤의 향유 맥락이 디지털에서 주로 이뤄지는 만큼, 2장에서 제시했던 유튜브 팬덤 콘텐츠를 중심으로 팬덤 콘텐츠의 게이미피케이션을 4장에서부터 본격적으로 전개해 나갈 것이다.

아이돌 팬덤 콘텐츠의 작동 구조

아이돌 팬덤 콘텐츠는 기본적으로 트랜스미디어 스토리텔링이 가능한 환경에 놓여 있다. 엔터테인먼트는 하향식 형태로 아이돌과 관련된 다양한 콘텐츠를 팬덤에게 제공하는 한편, 팬덤이 1차 콘텐츠 혹은 데이터베이스화된 아이돌 요소를 기반으로 트랜스(trans-)한 콘텐츠를 직접 생성할 수 있는 환경을 자연스럽게 조성하고 있기 때문이다. 따라서 프로슈머로 변모한 팬덤이 생성하는 상향식 콘텐츠는 즐거움을 기반으로 이루어지는 현상이기도 하지만, 이들이 직접 그 '판'의 빈칸을 채워야 하는 게이미피케이션의 메커니즘을 가지고 있다고도 볼 수 있다.

또한 2장에서도 살펴보았듯, 팬덤의 콘텐츠는 게임 메카닉스의 한 요소처럼 생산에 대한 규칙을 보여 주고 있다. 이러한 생산 규칙은 지속적인 향유 동력을 이끄는 팬덤 콘텐츠마다의 향유 소구 포인트가 존재하고 있음을 함의한다.

아이돌 팬덤 콘텐츠에서 볼 수 있는 이러한 생성 과정은 아즈마 히로키가 제시한 데이터베이스 모델의 '모에(萌え) 요소'로 설명 가능하다(東浩紀, 2007). 아즈마 히로키는 오타쿠(otaku) 문화의 본질과 포스트모던의 사회론을 연결한다. 특히 그 특징으로 오타쿠의 2차 창작의 존재를 지적하면서 장 보드리야르(Jean Baudrillard)가 예견한 '시뮬라크르(Simulacre)'의 증식과 소비를 이야기한다. 오타쿠의 시뮬라크르된 2차 창작 증식은 모방이나 표절의

연쇄 속에서 생겨나는데, 이는 무질서한 증식이 아닌 데이터베이스의 수준에서 작동된다고 설명한다. 여기서 '모에 요소'는 데이터베이스화되는데, 모에 요소란 "캐릭터에 대한 애정, 매력, 애착 등의 감정"이나, "그래피컬한 것뿐만 아니라 특정한 말버릇, 설정, 이야기의 유형적인 전개, 피규어의 특정한 곡선 등 장르에 따라 다양하게 존재하는 형태적 측면"(東浩紀, 2007)을 나타내는 뜻으로 사용된다.

데이터베이스 모델은 기존에 소비를 지배했던 심층의 커다란 이야기의 붕괴를 말하며, 감춰진 정보의 획득은 표층 세계에서 유저의 데이터베이스 읽기로 대체된다. 오타쿠계 문화에서 2차 생산물은 단독으로 도출되는 것이 아니라 그 배후에 있는 정보의 집적인 데이터베이스화된 모에 요소에 따라 만들어지며, 이 데이터베이스는 오타쿠에 따라 얼마든지 다르게 읽힌다. 이런 점은 단편적 요소들이 커다란 이야기를 대변하는 트리형 이야기 도식을 파괴하면서, 중심이 되는 요소 혹은 여기에 어떠한 메시지가 담겨 있는지 묻는 행위가 더 이상 의미가 없도록 만든다.

앞서 언급했듯, 아이돌 팬덤의 생산성을 확인하는 틀로서의 게이미피케이션은 메카닉스, 다이내믹스, 에스테틱스를 넘어 '모에 요소'와 함께 고려되어야 한다. 팬덤 콘텐츠의 테마는 아이돌 데이터베이스를 근간으로 팬덤의 자유로운 읽어 내기에 따라 생성되기 때문이다. 팬덤의 지속적 향유를 이끄는 모에 요소인 '향유 소구 포인트'는 팬덤 콘텐츠의 생성 원리에서 중요한 축으로 작동한다.

모에 요소는 팬덤을 유도하는 향유 요소라는 점에서 게임 메카닉스로의 성격이 강하지만, 한편으로 이는 팬덤의 경험과 문화적 맥락 안에서 생성되는 구조다. 따라서 모에 요소는 메카닉스, 다이내믹스, 에스테틱스의 각 층위와 상호 작용하며 작동한다.

참고문헌

강신규 · 이준형(2019). 생산과 소비 사이, 놀이와 노동 사이: 〈프로듀스 48〉과 팬덤의 재구성. ≪한국언론학보≫, 63(5), 269-315쪽.

권보연(2015). 국내 게이미피케이션 연구의 메타 분석. ≪인문콘텐츠≫, 39호, 97-124쪽.

김영한 · 정회경(2019). 글로벌 팬덤을 통한 한류 콘텐츠의 확대: viki의 '팬 자막' 커뮤니티를 중심으로. ≪디지털융복합연구≫, 17(11), 523-530쪽.

오윤지(2023). K-Pop 팬덤 콘텐츠 생성 구조 연구. 한양대학교 박사학위논문.

東浩紀(2001). 動物化するポストモダン. 講談社. 이은미 옮김(2007). 『동물화하는 포스트모던』. 문학동네.

Csikszentmihalyi, M.(1997). *Finding flow*. Basic Books. 이희재 옮김(2020). 『몰입의 즐거움』. 해냄.

Dignan, A.(2011). *Game frame: Using games as a strategy for success.* Free Press. 고빛샘 옮김(2013). 『게임 프레임, 이제 게임이 세상을 바꾼다』. 돋을새김.

McGonigal, J.(2011). *Reality is broken: Why games make us better and how they can change the world.* Penguin Books. 김고명 옮김(2012). 『누구나 게임을 한다』. 알에이치코리아.

Radoff, J.(2011). *Game on: Energize your business with social media games.* 박기성 옮김(2011). 『Gamification & 소셜게임』. 에이콘.

Zichermann, G. & Cunningham, C.(2011). *Gamification by design: Implementing game mechanics in web and mobile apps.* O'Reilly Media. 정진영 외 옮김(2012). 『게이미피케이션: 웹과 모바일 앱에 게임 기법 불어넣기』. 한빛미디어.

04

아이돌 팬덤과 게이미피케이션: 메카닉스

게임 메카닉스의 개념을 기반으로 아이돌 팬덤 콘텐츠를 탐구해 보면 네 가지 핵심 메카닉스를 도출할 수 있다. 이는 파이디아 목적의 생성 구조 변화 규칙, 트랜스미디어 스토리텔링의 도전 과제, 점수 시스템으로 발현되는 피드백, 장르별 모에 요소로 정리된다.

아이돌 팬덤 콘텐츠의 메카닉스 구성 요소

게임 메카닉스(game mechanics)는 게임적 사고와 기법을 의미한다. 그러나 이는 게이미피케이션과 게임 디자인 요소의 핵심 개념임에도 불구하고, 그 정의는 학자마다 상이하게 제시되고 있다. 특히 비게임 영역에서 게임 메카닉스를 활용하기 위해서는 정형화된 구성 요소를 넘어, 여러 학자가 제시하는 개념을 두루 살펴 기준을 세울 필요가 있다. 또한 아이돌 팬덤 콘텐츠는 팬덤의 향유 동력을 이끄는 '향유 소구 요소'가 내재해 있어, 기존에 제시된 게임 메카닉스 개념을 넘어서는 더욱 확장된 형태의 구성 틀이 요구된다.

먼저 비즈니스 및 마케팅 영역에서 제시하는 게임 메카닉스와 관련된 개념과 구성 요소를 살펴보자. 게이브 지커맨(Gabe Zichermann)과 크리스토퍼 커닝햄(Christopher Cunningham)은 메카닉스를 플레이어의 의미 있는 반응을 끌어낼 수 있는 도구로 정의하며, '점수, 레벨, 순위표, 배지, 도전 과제(퀘스트), 초심자 적응 프로그램(onboarding), 몰입 루프(engagement loop)'라는 일곱 가지 요소로 제시한다(Zichermann & Cunningham, 2012). 에런 디그넌은 '활동, 게이머 프로파일(player profile), 목적, 스킬, 저항, 자원, 행위, 피드백, 블랙박스,

결과'로 밝히고 있다(Dignan, 2013). 게이미피케이션 대행사인 번치볼(Bunchball)은 게임 메카닉스를 '점수, 레벨, 챌린지, 가상 재화, 순위표, 선물과 기부'로 설명한다(Bunchball, 2010).

게임학 진영에서 분류하는 게임 메카닉스는 비즈니스 진영보다 더 포괄적인 관점을 지닌다. 마크 르블랑(Marc LeBlanc), 로빈 휴닉(Robin Hunicke), 로버트 주벡(Robert Zubek)은 게임 메카닉스를 "게임의 특정 요소이자 데이터 재현 레벨과 알고리즘을 통해 다이내믹스에서 발현되는 플레이어의 행동을 야기하는 것"(Hunicke et al., 2004)이라고 주장한다. 콜린 맥클린(Colleen Macklin)과 존 샤프(John Sharp)는 게임을 플레이 경험을 위한 하나의 틀로 간주하며, 이를 디자인하기 위해서는 기본적으로 '액션, 목표, 규칙, 오브젝트, 플레이 공간, 플레이어'라는 요소가 구성되어야 한다고 설명한다(Macklin & Sharp, 2017). 트레이시 플러턴(Tracy Fullerton)과 크리스 스와인(Chris Swain)은 게임의 형식적 요소를 '플레이어, 목표, 규칙, 절차, 리소스, 경계, 결과'로 제시한다(Bond, 2017).

게임 학자들이 제시하는 거시적 관점의 게임 메카닉스 개념과 비즈니스 진영에서 제시하는 세부적인 구성 요소를 융합하면 개념을 더욱 폭넓게 이해할 수 있으며, 팬덤 콘텐츠의 메카닉스 층위에 대한 포괄적인 기준을 제시할 수 있다. 더불어 3장에서 언급한 '모에 요소'는 향유자를 유도하는 팬덤 콘텐츠의 특별한 요소로서 세 가지 층위(MDA)에서 상호 작용하지만, '형식'적 측면의 성격에 따라 메카닉스 규정 안에 포함해 해석할 수 있다. 또한 이 요소가 팬덤의 어떠한 행동을 이끄는지, 게임 다이내믹스 분석을 통해 더욱 심층적으로 고찰할 필요가 있다.

아이돌 팬덤 콘텐츠의 네 가지 메카닉스

앞서 제시한 게임 메카닉스의 개념들을 기반으로 아이돌 팬덤 콘텐츠를 탐구해 보면 총 네 가지 메카닉스로 도출된다. 이는 ① 파이디아(paidia) 목적의 생성 구조 변화 규칙, ② 트랜스미디어 스토리텔링의 도전 과제, ③ 점수 시스템으로 발현되는 피드백, ④ 장르별 모에 요소로 정리된다. 이러한 팬덤 콘텐츠의 메카닉스는 게이미피케이션으로 작동될 수 있는 사고와 기법으로서 작동하며, 게임적 구조를 이루는 근간이 된다.

먼저 파이디아를 지향하는 생성 구조 변화 규칙을 살펴보자. 디지털 미디어 환경에서 트랜스미디어 형태로 나타나는 팬덤 콘텐츠는 생산자와 수용자의 역동적인 상호 작용 속에서 작동한다. 또한 팬덤 콘텐츠는 복수의 미디어 안에서 각자의 지향점을 가지고 참신하고 다양한 형태로 생성된다. 이는 게임적 관점에서 승부를 위한 루두스(ludus)가 아닌, 표현을 목적으로 한 파이디아의 관점에서 콘텐츠가 생성됨을 보여 준다. 이 두 개념은 로제 카이와(Roger Caillois)가 제시한 것으로, 파이디아는 '기분 전환', '소란', '자유로운 즉흥' 등의 원리(Caillois, 2018)가 게임을 지배하는 것을 말하며, 루두스는 어떠한 것을 획득하고자 하는 시합 등에서 경쟁심을 유발하는 게임 구조를 의미한다.

유튜브라는 플랫폼 환경은 일정 수 이상의 구독자와 조회 수를 달성하면 콘텐츠 생산자에게 보상을 제공하는 구조로 설계되어 있다. 물론 대부분의 팬덤 콘텐츠는 음악, 아이돌 등의 1차 저작물을 사용해 만들어지므로 저작권 이슈가 얽혀 있어 수익 측면에서 자유롭지 못한 경우가 많다. 그럼에도 팬덤의 창작성이 온전히 반영된 콘텐츠는 플랫폼의 맥락상 수익이 발생하며, 이를 목적으로 팬덤 콘텐츠를 생성하는 경우를 완전히 배제할 수 없다. 또한 구독자 수나 조회 수는 인기 콘텐츠의 지표가 되기 때문에 다른 채널과의 경쟁이 붙을 수 있는 구조이기도 하다.

그러나 이조차도 팬덤의 근본적인 콘텐츠 생성 목적은

아이돌이라는 데이터베이스 안에서 자신의 취향과 감정을 표현하는 즐거움에 기반하고 있다. 팬덤에게 콘텐츠 생산이란 향유의 과정 자체라고 할 수 있다. 즉, 이들은 생산을 통해 팬덤의 정체성을 발현하고 향유의 즐거움을 얻는다는 것이다. 따라서 팬덤 콘텐츠는 최종 승부를 겨룰 수 있는 구조가 아닌, 본질적으로 생산자의 취향과 관점을 자유롭게 표현한다는 점에서 파이디아의 목적을 지닌다고 할 수 있다. 자신의 콘텐츠가 인기 콘텐츠가 되길 바라는 목적으로 콘텐츠를 생성하더라도 그조차도 근본적인 콘텐츠 생성 원인에는 '자유로운 표현'이 자리하고 있다.

또한 파이디아의 의미는 놀이 본능에서 비롯된 자발성을 내포(Caillois, 2018)하는데, 팬덤 콘텐츠는 팬덤 자신이 좋아하는 아이돌과 관련된 소재를 자발적으로 찾아 표현한다는 점에서 파이디아적이라 말할 수 있다. 여기서 발현되는 감정은 참여 동기 유발의 메카닉스가 된다고 할 수 있다.

이렇게 표현 목적을 지향하는 팬덤 콘텐츠는 뚜렷한 '규칙' 속에서 작동한다. 첫째, 팬덤 콘텐츠는 생성 과정에서 서로 간의 약속된 규칙이 따로 존재하는 것은 아니지만, 구조적으로 유형화된 패턴을 보인다. 2장에서 살펴보았듯 ① 1차 콘텐츠 기반-지식적 정보, ② 1차 콘텐츠 기반-

감각적 정보, ③ 생산자 창의 기반 생성-지식적 정보, ④ 생산자 창의 기반 생성-감각적 정보가 그것이다. 팬덤 콘텐츠는 팬덤의 취향과 관심 장르에 따라 자유롭게 생산되는 것처럼 보이지만, 현재 유튜브에서 관찰되는 팬덤 콘텐츠는 나름의 범주화 속에서 생산되고 있음을 알 수 있다.

둘째, 팬덤 콘텐츠는 팬덤이 아이돌 데이터베이스 안에서 자발적이고 적극적으로 빈틈을 채워 나가며 새로운 향유 지도를 확장해 나간다는 점에서 ② 트랜스미디어 스토리텔링의 도전 과제를 실천한다고 할 수 있다. 트랜스미디어 스토리텔링은 뉴미디어의 출현과 다매체 시대의 산물이 아닌, 향유자의 적극적인 참여적 욕망을 기반으로 전개된다(서성은, 2018). 향유자의 적극적인 미디어 이동의 전개는 환유적 연쇄를 형성하며, 이러한 과정에서 그 욕망이 유도되어 매체 전환을 촉진한다. 환유는 빈 공간을 향유자 스스로가 메우도록 유도하는 특성을 가지며, 또한 이를 추리해 채우려는 욕망을 유발하는 힘을 지닌다고 할 수 있다.

팬덤 콘텐츠가 생성되는 유튜브 환경은 소셜 미디어 플랫폼의 성격과 아이돌을 향한 팬덤의 다양한 결핍을 채우고 이로부터 발현되는 생산의 즐거움에 기반한 트랜스미디어 스토리텔링의 최적화된 경험적 구조로 설계되어 있다. 자유롭고 적극적으로 콘텐츠를 생성하는 팬덤의 특징과 공유의 체험 중심 향유로 이루어진 팬덤 콘텐츠 환경은 트랜스미디어 스토리텔링을 할 수 있는 게임 메카닉스로서 '도전 과제'를 유발한다. 특히 팬덤은 상위 구조에서 충족되지 못하는 욕망을 팬덤 콘텐츠의 생성으로 채우고 이로부터 발생하는 즐거움을 찾기 위해 '생산 미션'을 수행하게 된다. 이러한 미션은 향유자의 '도전 과제'로 작동한다.

셋째, 점수 시스템으로 발현되는 '피드백' 요소는 콘텐츠 생성이 수용자에게 어떤 효과와 의미를 전달했는지 인지하게 해 주는 지표다. 즉, 생산자에게 피드백 요소는 콘텐츠 생성 행위에 대한 반응 메커니즘으로 기능한다. 유튜브를 비롯한 다양한 디지털 미디어 환경에서 생산되는 팬덤 콘텐츠의 피드백 요소는 불가피하게 플랫폼의 기능과 연결된다. 따라서 팬덤 콘텐츠에 대한 피드백 메카닉스 요소는 플랫폼의 기능적 측면에서 도출될 수 있다.

유튜브 플랫폼의 피드백 요소는 크게 '조회 수, 좋아요, 구독, 댓글'과 같이 수치화된 정보로 나타나는데 이런 수치는 결국 게임의 '점수' 시스템과 연결된다. 점수는 게이미피케이션에서 제외할 수 없는 필수 요소로, 플레이어인 팬덤의 행동에 대한 가치와 성과를 부여하는 시스템이다.

게이브 지커맨은 “점수 시스템은 플레이어에게 확실한 동기 유발 효과를 제공한다”(Zichermann & Cunningham, 2012)고 했다.

유튜브 플랫폼은 ‘조회 수, 좋아요, 구독’이라는 콘텐츠에 대한 양적 평가를 할 수 있는 체계를 형성하고 있다. 평판 점수로 작동하는 이 체계는 콘텐츠 생성의 성과로 작용해 생산자인 팬덤이 콘텐츠를 지속적으로 만들어 내는 작동 원리의 한 축이 된다. 질적 평가인 ‘댓글’ 또한 구체적인 피드백을 가능하게 해 팬덤 자신이 다른 향유자들에게 얼마만큼 신뢰를 받고 성장하고 있는지 구체적으로 확인할 수 있는 수단이 된다.

마지막으로 장르별 모에 요소를 살펴보자. 아이돌 데이터베이스에서 작동하는 모에 요소는 팬덤의 자유로운 읽어 내기 방식에 따라 표층의 팬덤 콘텐츠로 발현된다. 이는 아이돌 팬덤의 중심적인 ‘향유 소구 포인트’이자 콘텐츠 생성의 중요한 작동 원리라고 할 수 있다. 팬덤 콘텐츠의 장르는 지속적으로 소비 · 재생산되는데, 이는 장르를 주도하는 특정 향유 포인트가 모에 요소로서 작용하고 있기 때문이다.

모에 요소로서 ‘향유 소구 포인트’는 형식적 요소이자 플레이어인 팬덤을 유도하는 게임 메카닉스와 상호 작용한다. 이에 따라 아이돌의 모에 요소는 팬덤 콘텐츠가 생성될 수 있는 근본적 설정이며, 이를 도출하기 위해서는 거꾸로 팬덤 콘텐츠의 장르별 향유 소구 포인트인 콘텐츠 생성 목적을 분석해야 한다.

팬덤 콘텐츠 장르에는 '팬 자막, 뮤직비디오 해석, 리액션 비디오, 부분 편집, 교차 편집, 플레이리스트, 커버 댄스, 커버 송' 등이 존재한다. 각 장르는 팬덤이 콘텐츠를 생성하려는 목적과 욕망을 반영한다. 예를 들어 팬 자막은 글로벌로 확장된 아이돌 팬덤이 한국어를 이해하려는 소구 욕망에서 비롯된다. 팬 자막 콘텐츠가 아이돌의 언어 내용과 의미를 다른 언어로 전달하는 데 목적이 있는 만큼 언어의 내용과 의미를 이해하는 것에 모에 요소가 존재한다고 할 수 있다. 여기서 '언어의 내용'은 팬 자막 콘텐츠의 모에 요소가 되며, 이를 표현하는 전개 방법은 영상 아래에 자막을 다는 형식으로 대부분 규칙화된 형식을 보여 준다.

참고문헌

서성은(2018). 『트랜스미디어 스토리텔링』. 커뮤니케이션북스.

오윤지(2023). K-Pop 팬덤 콘텐츠 생성 구조 연구. 한양대학교 박사학위논문.

Bond, J. G.(2017). *Introduction to game design, prototyping, and development: From concept to playable game with unity and C#.* Addison-Wesley.

Bunchball, Inc.(2010). Gamification 101: An introduction to the use of game dynamics to influence behavior.

Caillois, R.(1992). *Les jeux et les hommes.* Folio Essais. 이상률 옮김(2018). 『놀이와 인간』. 문예출판사.

Dignan, A.(2011). *Game frame: Using games as a strategy for success.* Free Press. 고빛샘 옮김(2013). 『게임 프레임, 이제 게임이 세상을 바꾼다』. 돋을새김.

Hunicke, R., LeBlanc, M., & Zubek, R.(2004). MDA: A formal approach to game design and game research. *Proceedings of the AAAI Workshop on Challenges in Game AI, 4*(1).

Macklin, C. & Sharp, J.(2016). *Games, design and play: A detailed approach to iterative game design.* Addison-Wesley Professional. 고은혜 옮김(2017). 『게임, 디자인, 플레이』. 정보문화사.

Zichermann, G. & Cunningham, C.(2011). *Gamification by design: Implementing game mechanics in web and mobile apps.* O'Reilly Media. 정진영 외 옮김(2012). 『게이미피케이션: 웹과 모바일 앱에 게임 기법 불어넣기』. 한빛미디어.

05

아이돌 팬덤과 게이미피케이션: 다이내믹스

게임 다이내믹스의 개념을 토대로 아이돌 팬덤 콘텐츠를 분석해 보면, 팬덤은 장르별로 전략적인 스토리텔링을 전개하며, 이를 통해 다양한 인지적 상호 작용을 경험한다. 이런 과정은 팬덤 콘텐츠가 지속적으로 생성되는 핵심 동력으로 작동한다.

아이돌 팬덤 콘텐츠의 다이내믹스 구성 요소

게임 다이내믹스(game dynamics)는 게임 메카닉스에 의해 작동되는 플레이어의 행동과, 다른 플레이어와의 상호 작용을 지칭한다(Bond, 2017). 또한 MDA 프레임워크 중 중간 지점을 차지하는 영역으로서, 메카닉스와 에스테틱스를 상호 연결하는 중요한 부분이다. 이는 게이미피케이션의 시각에서 아이돌 팬덤 콘텐츠를 생산하는 팬덤의 동력과 의미를 도출하기 위해 자세히 살펴보아야 하는 핵심 영역이기도 하다. 다이내믹스 층위에서는 팬덤 콘텐츠에 참여하는 팬덤의 전반적인 행동과 경험적 측면의 의미를 드러낼 수 있다.

케이트 샐런(Katie Salen)과 에릭 짐머만(Eric Zimmerman)은 게임의 경험적 층위에서 발생하는 상호 작용에 대한 개념의 모호성을 지적하며 이를 다면적 모델로 표현한다(Salen & Zimmerman, 2010). 이들에 따르면 상호 작용이란 행동과 결과를 의미 있게 하는 것이다. 플레이어는 행동을 통해 게임 시스템 안에서 다양한 선택을 하며 이런 행동은 시스템 전체에 영향을 미친다. 상호 작용은 공식적 상호 작용에서부터 플레이어 간의 사회적 상호 작용, 놀이를 넘어서는 맥락에서의 문화적 상호 작용까지 모든 층위에서 발생한다. 따라서 상호 작용의 개념을 파악하기 위해서는 언어의 일반적인 의미로 이해하는 동시에 게임 특유의 측면을 함께 살펴보아야 한다고 주장한다.

이들은 상호 작용을 '인지적', '기능적', '명시적', '문화적' 요소의 네 가지 모드로 제시한다. '인지적 상호 작용'은 사람과 시스템 사이의 심리적 · 감정적 · 지적 관계를 나타낸다. '기능적 상호 작용'은 게임 시스템을 구성하는 물질적 요소들과의 경험을 포함한다. 예를 들어 게임 인터페이스 버튼 조작, 응답 속도 등 게임 문법에서 경험할 수 있는 기능적 요소와의 상호 작용을 나타낸다. '명시적 상호 작용'은 게임의 규칙을 준수하거나 조이 스틱을 이용해 조종하는 것과 같이 단어 그대로 명백히 드러나는 상호 작용을 뜻한다. '문화적 상호 작용'은 디자인된 시스템 밖의 경험을 말한다. 이는 팬덤이 기존에 설계된 세계관을 재료 삼아 자신들의 관심사와 공동체적 현실을 새롭게 생성하는 것을 예로 들 수 있다.

이런 상호 작용의 네 가지 개념은 아이돌 팬덤 콘텐츠의 게임 다이내믹스를 분석하는 데 중요한 틀로 쓰일 수 있다. 게임 다이내믹스는 플레이어 간의 관계 혹은 플레이어와 시스템의 상호 관계 속에서 발생하기 때문이다

(Hunicke et al., 2004).

'인지적 상호 작용'은 팬덤이 생산에 참여하면서 겪는 심리적 · 감정적 · 지적 관계를 나타낸다. '기능적 상호 작용'은 팬덤 콘텐츠 생성과 수용에 필요한 유튜브 인터페이스와 소프트웨어적인 기능을 나타낸다. '명시적 상호 작용'은 생성 중심 팬덤이 행하는 팬덤 콘텐츠의 스토리텔링 전략과 이에 참여하는 수용 중심 팬덤의 행동을 포함한다. '문화적 상호 작용'은 팬덤 콘텐츠를 생성 · 수용할 수 있는 팬덤 문화의 환경을 말한다.

위에서 제시한 네 가지 상호 작용은 자칫 같은 층위에서 발생하는 요소로 보일 수 있지만, 기능적 · 명시적 · 문화적 상호 작용은 플레이어 상태의 표층적인 행동과 경험에서 나타나는 요소라 볼 수 있으며, 인지적 상호 작용은 플레이어의 심층에서 경험할 수 있는 요소라고 이해할 수 있다. 따라서 팬덤 콘텐츠의 게임 다이내믹스는 두 층위의 범주에 따라 1, 2차의 다이내믹스로 세분화해 분석을 시도할 수 있다. 1차 다이내믹스는 기능적 · 명시적 · 문화적 상호 작용을 포함하는 개념이라고 할 수 있으며, 2차 다이내믹스는 인지적 상호 작용에 해당한다.

번치볼(Bunchball) 또한 게임 메카닉스와 다이내믹스의 연결을 강조한다. "인간은 보상, 지위, 성취, 자기표현,

경쟁, 이타심에 대한 욕구를 지니고 있다"고 제시하며 이런 근본적인 욕구를 충족하는 것은 게임 다이내믹스의 역할이라고 설명한다(Bunchball, 2010). 지금까지 살펴본 게임 다이내믹스가 행동, 전략, 상호 작용이라는 포괄적인 요소로 제시된 개념이었다면, 번치볼이 제시하고 있는 게임 다이내믹스는 이에 대한 심층 요소로, 좀 더 세분화해 나타내고 있다.

이런 다양한 다이내믹스의 개념을 종합해 보면, 1차 다이내믹스는 팬덤의 표층적인 상태에서 나타나는 기능적 · 명시적 · 문화적 상호 작용이라고 할 수 있으며, 구체적으로 팬덤에 의해 드러나는 행동, 경험, 전략적 측면이라고 할 수 있다. 2차 다이내믹스는 인지적 상호 작용으로 심리적 · 감정적 · 지적 관계의 요소에서 발생하는 것으로, 번치볼이 제시한 '보상, 지위, 성취, 자기표현, 경쟁, 이타심'에 대한 욕구와 연결된다고 할 수 있다. 1, 2차로 구분한 다이내믹스는 팬덤의 포괄적이고 실질적인 행태와 더불어 그 심층에 자리 잡은 인지 상태까지 도출할 수 있는 방법론이 된다.

아이돌 팬덤 콘텐츠의 다이내믹스

앞서 제시한 1, 2차 다이내믹스의 개념에 따라 팬덤의 ①

장르별 팬덤 콘텐츠 스토리텔링 전략, ② 생성 및 수용 중심 팬덤의 상호 작용, ③ 각 경험에서 발생하는 인지적 감정을 중심으로 탐구를 진행할 수 있다. 더불어 생산 중심 팬덤뿐만 아니라, 수용 중심 팬덤 행동 전략도 팬덤 콘텐츠 생산과 존속에 큰 영향을 미치기 때문에, 이들의 전반적인 콘텐츠 참여 방법과 양상, 간접 스토리텔링 참여 양상 그리고 인지적 감정을 중심으로 파악할 필요가 있다. 팬덤의 세분화된 경험은 데니스 와스컬(Dennis Waskul)이 제시한 '페르소나(persona)', '플레이어(player)', '퍼슨(person)'의 개념(Waskul & Lust, 2004)에 따라 그들의 정체성 변화를 도출할 수 있다는 점에서 시사적이다. 마지막으로 앞서 논의한 메카닉스 층위가 다이내믹스를 어떻게 유도하고 있는지 살피는 것도 중요한 과제다.

위에서 제시한 기준을 통해 아이돌 팬덤 콘텐츠의 다이내믹스를 분석해 보면, 팬덤은 그들의 역량과 동기에 따라 '도전 과제'로서 콘텐츠 생산을 실행한다. 팬덤은 콘텐츠 완성에 대한 목표를 설정하고 생산을 시작한다는 것이다. 팬덤 콘텐츠는 그 바탕을 이루는 아이돌 데이터베이스의 모에 요소를 통해 팬덤의 도전 과제에 의해 선택되고 발현된다.

선택된 모에 요소를 바탕으로 만들어진 팬덤 콘텐츠의

구조를 살펴보면 팬덤의 행동과 전략을 파악할 수 있다. 팬덤 콘텐츠는 메카닉스의 규칙 안에서 작동해 각 장르마다 특유의 스토리텔링 구조를 형성한다. 물론 팬덤의 개인적인 전략에 따라 다채로운 스토리텔링을 형성할 수 있으나, 각 장르에 해당하는 콘텐츠는 비슷한 구조로 전개된다.

또한 팬덤은 더 나은 스토리텔링을 구현하기 위해 전략적 행동을 드러낸다. 예를 들어 '뮤직비디오 해석' 콘텐츠는 ① 강의 형식, ② 메타포 및 반전 요소 해석, ③ 열린 결말과 관점 나누기와 같은 스토리텔링 전략을 활용한다.

'강의 형식'은 콘텐츠의 내용에 대한 설명을 3인칭 시점으로 수용자에게 전달하는 방식을 의미한다. 또한 이들은 뮤직비디오의 해석을 전개할 때 '도입', '본론', '절정', '마무리'라는 구성적인 구조를 활용하고 그 근거를 다양한 학문적 이론에서 찾는 등 논리성을 부여한 근거를 제시한다.

'메타포 및 반전 요소 해석'은 아이돌 팬덤 콘텐츠의 트랜스미디어 스토리텔링 현상을 고려해 콘텐츠 표면에서 쉽게 발견하지 못하는 함축적인 의미 및 반전 요소를 세계관과 연결하거나 해석하여 제시하는 것이다. 누구나 알고 있는 보편적 내용과 동시에 예상치 못한 심층적이고 은유적인 표현을 제공하는 것은 콘텐츠 향유자의 호기심을 자극하고 몰입을 유도할 수 있는 전략적 기제로 작동한다. 이러한 점은 팬덤 콘텐츠의 '제목'에서도 잘 드러나는데, 대체로 콘텐츠들은 팬덤의 호기심을 자극하는 문장으로 구성되어 있음을 확인할 수 있다.

'열린 결말과 관점 나누기'는 콘텐츠의 결말을 열린 결말 구조로 처리한다는 방식이다. 생성 중심 팬덤은 자신의 관점을 넘어 다양한 팬덤의 의견을 공유하며 뮤직비디오 내용의 향유를 풍부하게 하고, 향유자의 참여를 유도하는 전략을 펼친다. 또한 이들은 생산자로서의 역할을 충실히 하기 위해 수용 중심 팬덤의 피드백을 적극 고려한다.

지금까지 살펴본 팬덤의 행동과 전략은 1차 다이내믹스에 해당한다. 이런 팬덤의 행동에는 '자기표현'을 주요 목적으로 둔 2차 다이내믹스가 내재해 있다. 그들이 콘텐츠 생성에 도전할 때 가장 먼저 고려하는 점은 자신의 취향과 가장 자신 있는 영역을 드러내는 것이다. 이렇게 만들어진 콘텐츠는 이후 다른 향유자를 고려한 콘텐츠로 전환되기도 하는데, 팬덤은 양적 · 질적 피드백을 중시하며, 여기서 얻는 '보상', '지위', '이타심', '성취', '연결감', '유대감' 등의 2차 다이내믹스는 콘텐츠의 지속적 생산을 이끄는 핵심 동력으로 작동한다.

마지막으로, 팬덤은 생산자로서의 페르소나, 팬덤으로서의 플레이어, 일상 영역으로서 퍼슨의 정체적 경계가 한 연장선상에 있다는 것이 특징이다. 팬덤은 일상의 특기를 팬덤 활동에 적용하고, 팬덤 활동을 콘텐츠로 생산하기도 하며, 반대로 콘텐츠를 생산하면서 자신의 진짜 모습을 발견하기도 한다. 게이미피케이션된 팬덤 콘텐츠 환경 속에서 팬덤은 현실의 욕망을 실천하고, 이에 따른 다양한 2차 다이내믹스를 경험하며 콘텐츠 생성의 지속 동력을 얻고 자아를 실현한다.

한편, 수용 중심 팬덤은 수용을 중심으로 팬덤 콘텐츠를 소비하지만, 콘텐츠 생성과 존속에 영향을 미치는 중요한 위치를 차지한다. 이들은 팬덤 콘텐츠의 선택부터 양적 · 질적 피드백 실천까지, 자신의 팬덤 향유를 위한 반응 · 평가 · 지시를 행한다. 보조 이야기꾼으로서 활동하는 수용 중심 팬덤은 각자의 성향에 따라 참여의 적극성이 달라지지만, 자신의 욕구를 극대화하기 위해 다양한 전략적 행동을 전개한다. 일례로 능동적인 콘텐츠 검색과 선택, 알고리즘을 통한 전략적 향유, 콘텐츠의 방향을 결정하는 적극적인 피드백 등이 이에 해당한다.

이와 같이 수용 중심 팬덤은 간접적 혹은 간헐적으로 콘텐츠의 스토리텔링에 참여한다. 이들은 수용 문화를 주도하고, 콘텐츠 생성에 부분적으로 관여하며, 양가적 형태를 띤다. 이는 팬덤 콘텐츠 생산을 주도하는 팬덤과 수용 중심 팬덤이 명확히 구분되는 것이 아니라, 서로 협력해 콘텐츠를 만들고 콘텐츠 존속에 영향을 미치며 상호 작용을 통해 '향유의 장'을 구축해 나간다는 점을 보여 준다.

참고문헌

오윤지(2023). K-Pop 팬덤 콘텐츠 생성 구조 연구. 한양대학교 박사학위논문.

Bond, J. G.(2017). *Introduction to game design, prototyping, and development: From concept to playable game with unity and C#.* Addison-Wesley.

Bunchball, Inc.(2010). Gamification 101: An introduction to the use of game dynamics to influence behavior.

Hunicke, R., LeBlanc, M., & Zubek, R.(2004). MDA: A formal approach to game design and game research. *Proceedings of the AAAI Workshop on Challenges in Game AI, 4*(1).

Salen, K. & Zimmerman, E.(2003). *Rules of play: Game design fundamentals.* The MIT Press. 윤형섭 · 권용만 옮김(2010). 『게임디자인 원론 1』. 지코사이언스.

Waskul, D. & Lust, M.(2004). Role-playing and playing roles: The person, player, and persona in fantasy role-playing. *Symbolic Interaction, 27*(3), pp.333-356.

06

아이돌 팬덤과 게이미피케이션: 에스테틱스

팬덤 콘텐츠의 에스테틱스는 유희적 콘텐츠로 인식하는 팬덤의 미적 판단이 전제될 때 작동한다. 반대로 이 판단이 생성될 수 있도록 팬덤의 문화적 맥락이 고려되어야 하며, 그때 비로소 에스테틱스의 층위가 완성된다. 팬덤 콘텐츠는 욕망 실천의 도전 과제, 놀이의 확장, 팬덤의 자기표현, 그리고 향유 구조의 세분화라는 에스테틱스를 지닌다.

게임 에스테틱스와 문화 형성

게임 에스테틱스(game aesthetics) 영역은 플레이어의 경험 창조와 판단에 영향을 주는 미학적 요소를 지칭한다. 즉, 향유자의 미적 판단이 전제되어야 게임이 작동하고, 반대로 게임이라는 매체가 플레이어에게 재미를 주려면 늘 미학이 선행되어야 한다. 이를 팬덤 문화에 적용하면 팬덤 콘텐츠의 에스테틱스는 유희적 콘텐츠로 인식하는 팬덤의 미적 판단이 존재해야 작동하며, 반대로 이 판단이 생성될 수 있도록 팬덤의 문화적 맥락이 고려되어야 그 층위가 완성된다는 것을 알 수 있다.

게임 플레이어는 게임의 메카닉스 · 다이내믹스 · 에스테틱스의 복층 구조 중 에스테틱스의 영역을 가장 먼저 인지한다(Hunicke et al., 2004). 이는 게임으로 진입하기 위해서 플레이어의 인식이 먼저 생성되어야 한다는 의미인데, 이 인식이 발현되려면 결국 사회 문화적 구조의 상황과 맥락이 스스로 의미를 행사하는 층위로 작동해야 한다.

권보연은 에스테틱스의 층위는 MDA 프레임워크 중 가장 넓은 범위로서, "다양한 문화적 · 관습적 현상에 영향을 행사하는 영역"이라고 설명한다. 또한 에스테틱스는 플레이어가 게임으로 인지할 수 있는 관점의 인식을 형성하는 역할과 더불어 게임 매체 스스로가 의미를 생성하기 위해 존재하는 층위로서 형식과 경험뿐만 아니라 인간의 인지적이고 정서적인 심층에 관계하는 미학적 효과라 설명한다(권보연, 2014).

에스테틱스를 이해하기 위해서는 '프레임'의 개념을 적절히 활용해야 한다. 언어학자 조지 레이코프(George Lakoff)는 '프레임'의 개념을 "우리가 세상을 바라보는 방식을 형성하는 정신적 구조물"이라고 설명한다. 또한 인간은 언어를 통해 프레임을 인식하는데 모든 단어는 개념적 프레임과 관련지어 정의된다고 말한다(Lakoff, 2018). 즉, 우리가 어떤 단어를 들으면 우리의 뇌에서 그와 관련한 프레임이 활성화한다는 것이다. 이는 우리가 아이돌 팬덤 콘텐츠를 유희 목적의 콘텐츠로 인식하게 하는 미학적 감각을, 인지 프레임의 개념을 통해서도 설명할 수 있음을 보여 준다.

이재환은 신경 과학자인 알바 노에(Alva Noë)의 관점을 인용하면서 인간의 인지 프레임을 "인간과 세계와의 관계에서 인간은 홀로 존재하는 섬이 아닌, 우리와 사물 사이에 진행되고 있는 역동적 관계이자 부분적으로 주위 세계와 함께하는 활동의 흐름에 의해 구성되는 것"이라고 설명한다. 이는 세계와 인간 주체가 각각 독립적인 요소가 아닌 서로 얽힌 구조로 형성되어 있음을 보여 준다. 지각은 뇌 안에서 일어나는 내재된 특징이 아니라 외부 세계에서 행할 수 있는 조종 방식에 따라 생기는 익숙함, 즉 일종의 숙련된 활동으로 그 환경과 관련된 방식인 것이다(Noë, 2009). 결국 인지 프레임은 인간의 경험에서 비롯되고, 이 경험은 인간이 처한 환경 세계와 상호 작용함을 의미한다(이재환, 2022). 이런 점은 게임 에스테틱스가 플레이어에게 게임으로 인지할 수 있는 사회 문화적 환경이 플레이어의 경험적 맥락과 맞닿아 있다는 사실을 보여 준다.

따라서 인지 서사학 프레임이 제공하는 개념은 사회 문화와 연결된 미학 층위인 에스테틱스를 이해하는 데 유용한 측면을 지닌다. 게임 에스테틱스는 메카닉스와 다이내믹스의 혼합적 상호 작용을 통해 생성된 감정이기도 하지만 인지 프레임의 이론에 따라 에스테틱스에서 생성된 감정은 향유자와 문화적 맥락과의 연결 속에서 발현된다는 사실을 확인할 수 있다.

따라서 지금까지 살펴본 게임 에스테틱스 개념의 고찰에 따르면 아이돌 팬덤 콘텐츠의 팬덤이 문화 영역에서 생성하는 미학적 요소는 무엇인지 주목할 필요가 있다. 또한 이 미학적 생성이 어떻게 팬덤 콘텐츠가 게임으로 인식

될 수 있도록 기능하는지도 살펴보아야 한다.

욕망 실천의 도전 과제와 놀이의 확장

팬덤이 팬덤 콘텐츠를 향유하는 의지는 '자신의 욕망 실현을 통해 얻는 즐거움'에 있다. 이들은 뚜렷한 목표가 존재하는 팬덤 콘텐츠 생성의 '도전' 에스테틱스를 지각한다. 이런 정서적 지각이 가능한 이유는 진입 장벽이 낮은 콘텐츠 생산 환경과, 무료로 다양한 콘텐츠를 향유할 수 있는 소셜 미디어 플랫폼의 외적 특성에 있다. 또한 이 욕망의 실현 도구로 팬덤 콘텐츠를 선택하는 원인은 콘텐츠의 본질에 게임 메카닉스의 속성과 즐거움을 파생시키는 유희적 감각이 내재해 있기 때문이다.

팬덤 콘텐츠를 둘러싼 소셜 미디어의 환경은 사용자의 인터랙션과 트랜스미디어 스토리텔링을 가능하게 한다. 이런 특징은 팬덤이 팬덤 콘텐츠를 '즐거움을 얻기 위한 욕망을 실현할 수 있는 도전 과제'로 그 미적 감각을 인식하게 도와준다. 이 욕망의 도전 과제는 팬덤 활동을 하는 플레이어로서의 자신을 팬덤 콘텐츠에 투영하는 방식으로 작동한다.

팬덤 콘텐츠의 본질은 아이돌 문화에서 파생되는 다양한 기호적 코드의 데이터베이스 환경에 있다. 다시 말해,

상위 구조에서 제공하는 콘텐츠나 단순히 아이돌에 관련한 결정적인 요소에 국한되는 것이 아니라, 무수히 복수적이며 개방적이고, 창의적이며 모방적인 곳에 있다. 이런 구조는 포스트모던이라는 조건에서 형성되며, 팬덤 콘텐츠는 데이터베이스 환경에서 파생된 결과물이라고 할 수 있다. 포스트모던은 주체 중심 사고를 해체하며 떠다니는 파편에 주목한다. 이는 중심의 콘텐츠가 큰 이야기(meta-narrative)로 존재하는 것이 아니며 그 원상은 애초에 존재하지 않는다는 것을 보여 준다. 다양한 파편은 각자의 위치에서 각각의 진리로 작동한다. 그러나 포스트모던이 말하는 파면들은 무질서하게 존재하는 것이 아니라, 아이돌 문화라는 데이터베이스의 모에 요소에서 유효하게 기능한다.

이러한 환경은 파편이 상호 연결되는 디지털 미디어에서 전개된다. 팬데믹으로 인한 사회 · 문화 · 경제적 측면의 디지털 가속화는 팬덤 활동에도 영향을 미쳐 디지털 미디어에서 소비를 한층 증가시켰다. 아이돌 팬덤은 적극적인 모습으로 쉽게 콘텐츠를 만들어 공유하고 있으며, 이를 소비하는 수용 중심 팬덤 또한 유례없는 다양한 2차 저작 콘텐츠를 접하고 있다. 또한 수용자는 언제든 생산자로 변모할 수 있는 환경에 놓여 있으며 생산과 수용 사이의 의미적 간극은 사라지고 있다.

팬덤 중 생산을 주로 실천하는 생성 중심 팬덤은 자신의 취향과 팬덤 문화에서 형성된 모에 데이터베이스에 따른 콘텐츠를 생성하고 있으며, 수용 중심 팬덤은 '구독'과 '좋아요'를 통해 콘텐츠를 선택 · 저장하고, 자유로운 피드백을 통해 콘텐츠 생산에 간접적으로 관여하며, 스토리텔링에 참여하고 있다.

또한 유튜브와 같은 디지털 미디어 플랫폼은 콘텐츠 생산자와 소비자의 상호 작용을 촉발해 커뮤니티를 형성한다. 생성 중심 팬덤은 경제적 수익이 없음에도 자신의 욕망 실현이 가능한 환경과 상호 작용 시스템에서 발생하는 다양한 보상의 즐거움으로 인해 콘텐츠 생성에 대한 지속적 동력을 얻는다. 특히 이들은 사람과 사람 사이에서 발생하는 상호 작용을 내적 보상으로서의 즐거움으로 인식한다. 이는 디지털 미디어 플랫폼이 자유로운 소통 환경과 사람 간의 연결성을 핵심 기술의 주요 축으로 기능하기 때문이다.

이러한 기능에 따라 수용 중심 팬덤은 자신이 마음에 드는 콘텐츠에 '구독', '좋아요', '공유'를 통한 양적 점수를 제공하고, '댓글'을 통해 질적 점수를 표출한다. 이례적으로 없던 창작자와의 긴밀한 상호 작용을 통해 콘텐츠 생산에 필요한 후원을 제공하기도 한다. 이러한 점은 아이돌 팬덤 문화를 더욱 풍요롭게 하여 콘텐츠 생산에 영향을 미치는 중요한 요소로 작동한다.

이런 환경 속에서 작동하는 팬덤 콘텐츠는 '놀이'의 의미를 확장한다. 요한 하위징아(Johan Huizinga)의 놀이 개념을 넘어, 생성 중심 팬덤은 팬덤 콘텐츠를 통해 멀티 페르소나를 작동시키고, 여러 위치에 존재하는 자신의 모습을 중첩하며, 이를 노출시킬 수 있는 기회를 모색한다. 유튜브 또한 팬덤 활동과 일상의 경계를 넘어서는 현상과 멀티 페르소나의 작동을 가능하게 해 놀이를 넘어 향유자의 역할과 자아실현을 할 수 있는 장으로서 기능한다.

아이돌 팬덤은 콘텐츠 제작에 가담하는 기획자, 플레이어 팬덤, 일상 속 개개인의 퍼슨으로서의 위치를 넘나든다. 콘텐츠 생산 활동은 팬덤의 즐거운 '놀이'이자, 한편으로 '노동'이기도 하며, '일상'에서 자신의 취향과 특기를 활용한다는 점에서 모두 연장선상에 존재한다. 생성 중심 팬덤은 현실에서뿐만 아니라 팬덤 콘텐츠 안에서도 자신의 자연스러운 모습을 노출하거나 연출한다. 오히려 일상 속에서 숨기고 있던 자신의 진정한 모습을 팬덤 활동을 통해 표출하는 사례도 나타난다.

팬덤의 자기표현과 향유 구조의 세분화

아이돌 팬덤은 자신의 역량에 따라 팬덤 콘텐츠를 생산한다. 이들은 퍼슨 위치에서의 역량을 기반으로 '자기표현'이라는 2차 다이내믹스를 통해 향유를 시작한다. 즉, 이들이 팬덤 콘텐츠를 생성하는 첫 번째 동력은 자신의 몰입을 가능하게 하는 데 있다. 자신의 역량에 맞춰 생성하는 팬덤 콘텐츠는 '자기표현'의 2차 다이내믹스가 발현되어 팬덤 콘텐츠가 지속적으로 생성될 수 있는 동력의 출발점이 된다. 이후 팬덤은 자기표현을 넘어 다른 팬덤과의 상호작용 속에서 경험하는 이타심, 지위, 성취, 보상, 연결감 등과 같은 인지적 상호 작용을 통해 계속해서 생산 동력을 얻는다.

이러한 콘텐츠 생성 구조 속에서 각 팬덤이 지닌 차별화된 역량은 다양한 장르의 팬덤 콘텐츠가 생성될 수 있는 바탕이 되었고, 팬덤 콘텐츠의 다양화는 다시 팬덤의 향유 구조를 세분화하도록 만들었다. 이는 생산자 혹은 수용자 팬덤 모두에게 폭넓은 향유의 스펙트럼을 제공한다. 기존의 팬덤 향유가 어느 대표적인 플랫폼에 정착해 정보를 수용하고 공유하는 과정이었다면, 현재는 공동체에 속하지 않더라도 누구나 진입점이 되어 팬 실천과 활동을 이어 가는 모습이다. 이러한 팬덤 향유 구조의 세분화는 개인으로 활동하는 팬덤을 가능하게 하는 계기가 되었다.

그 어느 때보다 주도적으로 팬덤 콘텐츠를 생성하는 팬덤은 팬 활동의 개인화 과정을 겪고 있다. 누가 시키지 않았지만, 각 장르의 영역을 맡은 생성 중심 팬덤은 자신의 역할을 충실히 하며 다양한 내용의 콘텐츠를 만들어 낸다. 물론 이들의 생성은 콘텐츠를 다른 팬덤과 공유한다는 것에서 이미 공동체적 생활을 하는 것이라고 말할 수도 있겠지만, 여기서 개인화는 팬클럽에 속하거나 팬 플랫폼의 콘텐츠 구독을 하지 않더라도 좀 더 개방적이고 개인적인 방식으로 팬 활동을 한다는 것을 의미한다. 더불어 팬 플랫폼 현상에서도 살펴볼 수 있는 유료 팬덤에게만 제공되는 콘텐츠나 아이돌과 일대일 대화를 할 수 있는 시스템의 출현도 팬덤 활동에 대한 개인화 현상을 촉진하는 요인으로 작동한다고 볼 수 있다.

팬덤 콘텐츠의 생성 내용은 개인의 성향뿐만 아니라 공동체의 공통된 소구 포인트를 드러내는 모에로 구성된다. 팬덤 콘텐츠의 내용은 생성 중심 팬덤의 역량과 취향에 따라 결정되기도 하지만, 이는 대부분 공동체 문화로 형성된 장르를 중심으로 전개되는 양상을 보인다.

팬덤 콘텐츠의 데이터는 축적되기 마련이다. 물론 개인 역량에 따른 새로운 팬덤 콘텐츠가 계속해서 등장할 가능성은 열려 있지만, 지금까지 살펴본 바와 같이 팬덤 콘텐츠는 다수의 팬덤이 읽어 낸 아이돌 모에 요소에 의해 지속적으로 인기 있는 장르가 생성되는 양상을 보인다. 물론 여기에서도 생산 중심 팬덤이 읽어 낸 모에 요소에 따라 스토리텔링 소재의 차이가 나타나기도 하지만, 동일한 장르에 속하는 팬덤 콘텐츠에는 공통된 모에 요소가 설정되어 있다.

팬덤 콘텐츠는 그 장르가 다양해진 만큼 새로운 팬덤 유입을 유도하는 기제로도 작동한다. 이제 텔레비전에서 제공하는 음악 방송 프로그램을 보고 아이돌 팬덤에 입문하는 경우는 확률적으로 낮아졌다. 팬덤 유입은 개인화된 미디어 환경에 따라 언제 어디서든 자신의 시간에 맞춰 유튜브와 같은 소셜 미디어를 통해 다양한 콘텐츠를 접하면서 이루어진다. 소셜 미디어에서 중심이 되는 팬덤 콘텐츠는 그 스펙트럼이 굉장히 넓고 무궁무진하게 확대 가능하다는 점에서 더욱더 세분화하는 양상을 나타낼 것이다. 팬덤 콘텐츠의 세분화 현상은 각기 다른 팬덤의 취향을 개인별로 맞춰 줄 수 있는 시스템으로 작동할 것이며, 이런 시스템은 더욱더 개인의 향유 소구 포인트를 잘 잡아내 팬덤 유입에 중요한 역할을 수행할 것이다.

참고문헌

권보연(2014). SNS의 게임화 연구. 이화여자대학교 박사학위논문.

오윤지(2023). K-Pop 팬덤 콘텐츠 생성 구조 연구. 한양대학교 박사학위논문.

이재환(2022). 서사성-주체성-가상성: 인지 서사학과 체화된 주체. 『일꾼과 이야기꾼』. 이서울.

Hunicke, R., LeBlanc, M., & Zubek, R.(2004). MDA: A formal approach to game design and game research. *Proceedings of the AAAI Workshop on Challenges in Game AI, 4*(1).

Lakoff, G.(2014). *Don't think of an elephant!*. Chelsea Green Publishing. 유나영 옮김(2018). 『코끼리는 생각하지 마』. 와이즈베리.

Noë, A.(2010). *Out of our heads*. Hill and Wang. 김미선 옮김(2009). 『뇌 과학의 함정』. 갤리온.

07

아이돌 팬덤의 확장된 표현형

유전자는 복제를 위해 자신이 속한 유기체를 넘어 이를 둘러싼 환경으로까지 영역을 확장하는데, 리처드 도킨스는 이를 '확장된 표현형'이라 부른다. 다시 말해 유전자는 도구로서의 확장된 표현형을 활용해 스스로의 생명을 유지하는 것이다. 팬덤 콘텐츠 생성은 유전자의 복제를 위한 개체의 확장된 표현과 매우 유사한 구조로 설계되어 있다. 팬덤 콘텐츠의 생성 동력인 자기표현과 생존 유지에 필요한 스토리텔링 전략은 이를 잘 보여 준다.

유전학과 팬덤 행동의 상관성

팬덤은 '자기표현'을 중심으로 팬덤 콘텐츠의 2차 다이내믹스를 형성한다. 이들은 팬덤 콘텐츠 생산자로서의 페르소나를 지니는 동시에 팬덤으로서 그 역할을 실천하지만, 결국 자신의 본래 정체성을 표현하기 위해 본 자아를 팬덤 콘텐츠에 중첩하는 모습을 보이기 때문이다(오윤지, 2023). 이는 팬덤 콘텐츠 생산자로서의 '페르소나', 팬덤으로서의 '플레이어', 본래 자아라는 '퍼슨'이라는 세 영역이 탈경계적으로 작동하는 현상이라고 할 수 있다. 팬덤은 자신의 정체성 표현을 팬덤 콘텐츠와 연결하며 적극적인 생산성을 발휘한다.

이러한 현상은 리처드 도킨스(Richard Dawkins)가 말하는 유전자 관점의 개체 행동 전략으로 이해할 수 있다. 도킨스는 진화하는 개체의 속성을 '유전자 선택론'에 따라, "진화의 주체는 유전자이고 이를 복제하는 것은 개체"(Dawkins, 2022)라고 설명한다. 또한 도킨스는 진화의 속성이 외부적 환경 영향에 대한 상호 작용 속에서 복제되어 이루어지고 있음을 밝히고 있다. 그의 관점은 개체의 행동 전략인 '확장된 표현형'에서 더 잘 나타나는데, 개체인 복제자는 자신이 속한 유기체를 넘어 확장되어 자신의 표현형을 형성하려 한다.

흥미롭게도 아이돌 팬덤은 팬덤 콘텐츠를 활용해 자신을 표현한다. 이들은 팬덤 콘텐츠에 본래의 자아를 중첩하며 자신의 팬덤 존립과 활동을 유지하기 위한 확장된 표현형을 이루려는 모습을 보인다. 즉, 그들의 팬덤 콘텐츠 생성 의미는 유전자의 복제를 위한 개체의 확장된 표현과 매우 유사한 구조로 설계되어 있다.

리처드 도킨스의 '확장된 표현형'

리처드 도킨스는 유전자의 개념을 통해 다윈의 진화론을 한 단계 발전시킨 연구자이며, "인간은 어떠한 존재인가"에 대한 해답을 유전자학에 기대 지속적인 생존 가능성을 논한 학자다. 그는 자연 선택에 참여하는 것은 종의 '개체들'이 아닌, DNA의 한 부분인 '유전자'라고 설명하며 단지 유기체인 인간은 생존 기계일 뿐, 진화의 주체는 유전자라고 말한다. 즉, 생물학적으로 복제 가능성은 "적응을 잘한 개체가 아닌, 적응을 잘하는 유전자"(신종천, 2020)에 의해 이루어진다는 것이다.

리처드 도킨스는 이러한 진화론을 '확장된 표현형' 개념을 통해 더욱 발전시킨다. 유전자는 복제를 위해 자신이 속한 유기체를 넘어 이를 둘러싼 환경으로까지 영역을 확장하게 되는데, 그는 이것을 '확장된 표현형'이라 부른다.

다시 말해 유전자는 도구로서의 확장된 표현형을 활용해 스스로의 생명을 보전하는 것이다. 그는 유전자의 운반체인 유기체의 행동은 유전자의 지배를 받으며, 그들의 조작물 또한 표현형 도구로서 유전자의 영향으로부터 생겨났다고 바라본다(Dawkins, 2022). 이는 유전자의 활동 범위가 개체의 몸 밖으로 확장된다는 것을 의미한다.

한 예로 도킨스는 가상의 날도래종 애벌레가 밝은 색 혹은 어두운 색의 두 가지 돌 둥지를 짓는다고 가정하고, "교배 실험으로 어두운 둥지가 밝은 둥지를 짓는 형질에 비해 우성이라는 식으로 새끼에게 전달된다는 것을 규정하는 실험"(Dawkins, 2022)을 설정한다. 그는 여기서 둥지 색은 애벌레가 선택한 돌 색으로 결정되지만, 둥지 색을 결정짓는 애벌레의 유전자는 그 돌을 꼭 선택하는 행동 기제, 즉 눈으로부터 작용한다고 말한다. 이는 둥지 짓기 행동을 위한 유전자가 있다는 사실에 의해서 둥지인 조작물은 애벌레 유전자가 내포하는 표현형 발현의 일부라는 것이다. 즉, "돌은 유기체 몸 밖에 있지만, 논리적으로 이를 결정하는 것은 둥지 색을 '위한' 유전자"(Dawkins, 2022)라는 것이다. 이런 맥락에서 동물들이 만들어 내는 조작물은 유기체 몸 안에서 나타나는 표현형을 넘어 유전자를 더 효율적으로 퍼뜨리기 위한 확장된 표현형으로 해석될 수 있다.

도킨스는 유전자 이외에 또 다른 복제자를 제시하는데, 바로 '밈(meme)'이다. 그는 번식을 위한 복제자를 유전자와 밈으로 구분한다. 유전적 진화의 단위가 유전자라면 문화적 진화의 단위는 밈이다. 밈은 모방을 뜻하는 그리스어 '미멤(mimeme)'과 '유전자(gene)'의 합성어로, 이는 문화적 전달과 유전적 전달 구조의 유사성에 주목한 개념이다. 그는 유전자와 밈 모두 생식 계열에서 능동적인 자기 복제 능력을 지녔다고 본다. 밈은 음악, 단어, 시각 이미지, 얼굴 표정이나 손짓 등의 형태로 나타날 수 있으며, 이렇게 뇌에 있는 밈이 겉으로 눈에 보이게 발현된 것이 바로 표현형의 효과다(Dawkins, 2022).

그러나 동물 유기체가 행하는 조작물 모두를 확장된 표현형이라고 부를 수 있을지 의문을 가질 수도 있다. 이러한 점은 유전자의 세계에 미치는 표현형 효과에 따라 선호되거나 배척될 수 있는데, 복제하는 유기체가 유전자의 생존 기회와 연관될 가능성이 있다면 그것은 확장된 표현형이라 규정할 수 있다. 조작물은 유전자 표현형의 산물로서 잠재적으로 유전자가 다음 세대로 자신을 복제하는 표현형 도구이기 때문이다(Dawkins, 2022).

이러한 밈의 표현은 유전적 형질을 넘어 외부적 환경

조건의 영향을 받으며 생성된다. 현재의 밈은 디지털 미디어라는 접근성이 높고 확산이 용이한 환경에서 확장된다. 또한 그 사회 문화의 특정한 결 안에서 성공 여부가 판별된다. 그리하여 밈은 자기만의 복제를 증진하고 성공하기 위해 사회 문화적 풍토에 의존할 수밖에 없다. 따라서 성공적인 밈은 외부 환경에 따라 진화하며 이데올로기, 헤게모니, 젠더, 계급 등 다양한 사회적 관계에 의해 돌연변이를 유발한다(양희영, 2013).

도킨스는 밈 개념이 문화 이해에 도움을 주기보다는 유전적 자연 선택의 현상을 통찰하기 위함에 있다고 주장한다(Dawkins, 2022). 그러나 현재에는 밈 문화가 사회과학 분야에 정착되어 역으로 다양한 현상을 자연과학의 구조로 이해할 수 있게 되었다. 유전자를 운반하는 유기체로서의 인간은 다른 동물과는 달리 또 다른 복제자인 밈을 통해 문화적 현상을 자연과학으로 설명할 수 있는 조건을 갖추게 된 것이다.

팬덤의 확장된 표현형

유전자의 확장된 표현형은 유기체의 행동에서 드러나며, 이는 유기체의 생존과 관계가 있다. 그리고 그들이 만들어 내는 도구는 유전자의 확장된 표현형이다. 유전자는 유기체의 외부 환경에 영향을 받으며 유전의 형질을 만들어 내는데, 결국 유전자는 유전과 환경에 적응할 수 있는 행동을 수행하도록 설계되어 있다.

이러한 개념에 따르면, 팬덤이라는 개체가 생산하는 팬덤 콘텐츠를 유전자의 확장된 표현형으로 가정할 수 있다. 팬덤 콘텐츠는 디지털 미디어 안에서 팬덤 유전자의 도구로 작동하고, 그들의 생산적 의미를 확장해 팬덤 자신을 생존시키기 위한 환경을 구축하는 방식으로 기능할 수 있기 때문이다.

팬덤이 능동적으로 팬덤 콘텐츠를 생성한다는 것은 주지의 사실이다. 팬덤의 자발적이고 적극적인 생산성은 팬덤의 대표적인 특징이라고 할 수 있다. 아이돌 팬덤 콘텐츠는 각 장르마다 모에 요소를 지니는데, 이는 팬덤의 취향과 역량에 따라 콘텐츠가 생산된다는 것을 의미하기도 한다. 팬덤은 '팬덤으로서' 팬덤 콘텐츠 생산을 시작하지만 그들의 행동 심층에는 자신의 본래 정체성을 드러내기 위해 생산물을 만들어 내는 모습을 보인다. 이는 그들의 퍼슨 영역에서의 역량이 팬덤 콘텐츠 생산에 영향을 미치는 구조이기 때문이다.

팬덤 본래의 정체성이 콘텐츠 생산에 발현되는 현상은 필자의 기존 연구에서 구체적으로 확인할 수 있다. 팬 자막 콘텐츠를 만드는 한 팬덤은 자신의 역량을 살려 팬덤 콘텐츠를 생성한다고 인터뷰에서 밝혔다. 플레이리스트를 만드는 팬덤 또한 자기만족을 위해 콘텐츠를 생산한다고 밝혔으며, 자신의 전공을 살려 직접 그린 콘텐츠 썸네일을 차별화 전략으로 활용한다고 설명한다. 이는 미술 전공자라는 자신의 퍼슨의 위치와 콘텐츠 제작자로서 역할이 중첩되어 탈경계적 모습을 보이는 사례라 할 수 있다. 이런 양상은 또 다른 팬덤의 행동에서도 나타나는데, 영상 제작 전공자였던 그는 전공을 살려 콘텐츠를 제작하고 있었다. 그는 일상생활에서 팬덤 활동이 드러나는 콘텐츠를 만들면서 일상, 팬덤 활동, 콘텐츠 제작 활동의 경계를 넘나드는 모습을 보였다. 팬덤은 하나의 콘텐츠를 생성하기 위해 기획 단계부터 유통 및 홍보 단계까지 전 과정에 스스로 관여할 뿐만 아니라, 팬덤의 본분과 자신의 현실 캐릭터의 정체성을 유지한 채 콘텐츠 생성을 진행하는 모습을 드러냈다(오윤지, 2023).

이런 팬덤의 '자기표현'은 팬덤 콘텐츠가 그들의 확장된 표현형임을 입증하며, 팬덤 콘텐츠를 지속적으로 작동시키는 동력으로 기능한다. 또한 팬덤은 콘텐츠의 생존을 유지하기 위해 아이디어 구성, 콘텐츠 발매 시기, 음악 선택 등 다양한 전략을 통해 콘텐츠 스토리텔링을 구사하는 모습을 보이는데, 이는 자신의 존속과 결부된 팬덤 콘텐츠가 지속적으로 이어지기 위한 전략적 방법이라 할 수 있다.

따라서 팬덤 콘텐츠의 생성은 팬덤의 확장된 표현형이라고 설명할 수 있다. 이는 도킨스가 말하는 물리적 개체 밖으로 유전자를 확장하는 작동 원리와 상통하는 구조이기 때문이다. 팬덤은 본래의 자아 표현을 확장하기 위해 자신의 개체를 넘어 팬덤 콘텐츠로 이입하는 모습을 보인다. 팬덤은 자기표현을 위한 도구로서 팬덤 콘텐츠를 생산하며 이 행태는 자신의 존립과 연결된 팬덤 콘텐츠의 생산을 지속적으로 유지하는 동력으로 작용한다.

유전학에 따르면 개체가 자신을 유지하는 핵심은 지속성에 있다. 따라서 그 유전자를 퍼뜨리고자 하는 성질은 자신의 몸뿐만 아니라 개체 밖으로까지 확장되어 표현형적 조작물로 기능한다. 조작물인 팬덤 콘텐츠는 팬덤의 자아를 표현하는 목적의 수단이 되고, 팬덤은 이 지속성을 위해 다양한 전략적 행동을 전개한다. 이는 자신의 유전자를 오래도록 생존시키기 위해 갖는 본능적 경향으로 해석할 수 있다. 자기표현을 넘어 '제작자'로서의 전략적인 페르소나를 지니는 모습은 더욱 효율적으로 자신을 퍼뜨리기 위해 행하는 확장된 표현형이라고 할 수 있다.

참고문헌

신종천(2020). 밈 현상의 정보적 특성에 관한 연구. ≪문화와융합≫, 42(7), 519-547쪽.

양희영(2013). 소비자 문화 트렌드 변화에 따른 현대 패션산업 특성 고찰-리처드 도킨스의 밈(meme)이론을 중심으로. ≪한국의상디자인학회지≫, 15(4), 83-99쪽.

오윤지(2023). K-Pop 팬덤 콘텐츠를 통한 팬덤의 확장된 표현형. ≪문화와융합≫, 45(9), 475-483쪽.

Dawkins, R.(1982). *The Extended Phenotype*. Oxford University Press. 홍영남 외 옮김(2022). 『확장된 표현형』. 을유문화사.

08

아이돌 팬덤과 산업: 팬 플랫폼

팬 플랫폼은 다양한 팬 경험 요소를 창출함으로써 팬덤을 지속하는 하나의 비즈니스 전략으로 기능한다. 대표적인 사례인 위버스는 팬덤이 자신을 기쁘게 해 주는 아티스트와의 연결을 직접 경험하게 해 준다. 팬덤은 아티스트와의 소통, 콘텐츠 공유, 다른 팬덤과의 연결을 통해 유대감을 형성하며 긍정적인 감정을 축적한다. 이러한 행복한 감정의 발현은 위버스를 지속적으로 이용하게 만드는 동력으로 작용한다.

'팬 플랫폼'이라는 새로운 향유 패러다임

위버스(Weverse: 하이브의 자회사 위버스컴퍼니가 개발한 팬 커뮤니티 플랫폼)를 포함한 다양한 팬 플랫폼은 팬덤 향유에 새로운 패러다임을 가지고 왔다. 팬 플랫폼은 다양한 영상 콘텐츠, 커뮤니티, 아티스트와의 일대일 채팅, 상품 판매, 이벤트, 공연 등에 관련한 정보와 서비스를 한 공간에서 지속적으로 제공한다는 점에서 팬덤 향유 무대를 단일화한다. 또한 전 지역에 분포하는 팬덤을 특정 지점에 모아 소통할 수 있게 한다는 점은 이들의 활동 무대뿐만 아니라 네트워크 또한 한곳으로 집중시키려는 전략적 모습이라고 할 수 있다. 이렇게 팬 플랫폼은 디지털 미디어 환경 속 파편화된 팬덤을 한곳에서 관리하는 전략으로 작동하고 있다.

그렇다면, 기업 입장에서 팬덤을 지속적으로 팬 플랫폼에 머무르게 하려면 어떤 전략을 취해야 할까? 이 장에서는 이에 대한 해답으로 '팬 경험'에 주목하고자 한다. 대표적인 팬 플랫폼인 '위버스' 또한 "지속 가능 경영 보고서"에서 팬 경험 확장을 지적하고 있다. 보고서에서 밝히듯 하이브는 '팬 경험'에 중심을 둔 하나의 전략으로 '위버스'를 실행하고 있다는 점을 파악할 수 있다. 즉, 이는 위버스가 팬 경험에 적절한 서비스를 제공함으로써 이들의 지속

요인을 증가시키려 한다는 사실을 알 수 있는 대목이다. 하이브는 위버스를 통해 다양한 팬 경험 요소를 창출함으로써 팬덤을 지속 및 유도하는 하나의 비즈니스 전략을 행하고 있다.

'팬 경험'이 중요 비즈니스 전략으로 작동된다는 전제에 따라 구체적인 위버스의 지속 참여 요인을 체험 마케팅 이론을 통해 살펴보고자 한다.

비즈니스 전략으로서의 '체험 마케팅'

체험 마케팅(experiential marketing)의 개념을 제시한 학자는 번 슈미트(Bernd Schmitt)다. 그가 제시한 체험 마케팅은 '감각', '감성', '인지', '행동', '관계' 모듈을 기반으로 하며, 총체적인 소비자 체험 창출에 초점을 둔다. 슈미트는 "궁극적으로 소비자에게 중요한 것은 브랜드가 얼마나 매력적인 체험을 제공하는가"(Schmitt, 2013)에 있다고 설명한다.

구체적으로 소비자 체험은 상품에서 얻는 체험, 브랜드를 통한 체험과 같이 브랜드 사용을 포괄한 곳에서 발생하는데, 여기서 소비자는 브랜드의 만족을 넘어 자신의 욕구를 충족해 주는 매력적인 체험을 요구한다. 매력적 체험은 결국 기업 비즈니스에 직간접적인 영향을 미치는 중요한 측면이며, 브랜드 가치 형성에 중요한 지점으로 작동한다.

체험 마케팅은 전통적인 마케팅 방식인 제품에 초점을 두는 것을 넘어, 고객 체험에 중점을 두고 인지, 감성, 행동, 감각, 관계적 가치를 제공한다. 기존 마케팅이 '제품 자체'에 주목했다면, 체험 마케팅은 '제품을 소비하는 과정'에 관심이 있다. 이런 체험 중심 소비는 그 상품에 가치를 표현함으로써 사회적 유대와 결속, 개인의 특징적 의미를 느낄 수 있게 하는 메커니즘으로 작동한다. 이는 소비자의 이성과 감성적 측면에 영향을 미쳐 즐거움과 새로운 도전이라는 소비재 비즈니스에 큰 영향을 미친다.

소비자 체험의 구체적인 유형은 감각(sense) · 감성(feel) · 인지(think) · 행동(act) · 관계(relate) 등 다섯 가지로 나뉜다.

먼저 감각적 요소는 시각, 청각, 촉각, 미각, 후각을 통해 감각적 체험을 창조하는 데 목적이 있다. 이런 감각적 요소는 기업 제품을 '차별화'하거나, 고객에게 '동기 부여'를 제공하고, 제품에 '가치'를 더하고자 할 때 전략적으로 이용된다. 이 세 가지 사항은 배타적으로 이용 가능하기도 하지만, 감각적 영향을 달성하기 위한 '차별화(stimuli)-동기 부여(processes)-가치 제공(consequences)'의 단일 과정으로 작동할 수도 있다.

기본적으로 감각 요소는 소비자의 미학적 즐거움이나 흥분, 아름다움 등을 활용해 제품의 가치를 차별화한다. 감각 마케팅을 효과적으로 관리하기 위해서는 '주요 요소', '스타일', '테마'를 중심으로 고객에게 긍정적인 인식을 심어 줘야 한다. '주요 요소'는 색상과 같은 시각적 요소, 음악과 같은 청각적 요소, 제품의 형태나 질감과 같은 촉각적 요소와 관련이 있다. 이러한 주요 요소들은 하나로 결합해 '스타일'을 구성한다. '스타일'은 복잡성, 표현 방식, 움직임, 강렬함과 같은 차원에서 형성된다. 마지막으로 '테마'는 기업과 관련된 내용과 의미를 전달하는 메시지와 연계되어 있다. 이런 요소는 소비자의 인상을 창조하며, 반대로 이런 요소의 설정은 소비자의 문화에 따라 결정된다.

감성적 요소는 체험 제공 수단을 통해 기업이나 브랜드에 대한 긍정적 감정을 유발하는 전략을 지닌다. 소비자에게 감성적 체험을 선사하기 위해서는 그 과정에 어떠한 느낌을 만들어 낼 것인가에 주목해야 한다. 감성적 자극은 브랜드와 소비자 간의 유대감을 형성한다. 예를 들어, '캠벨 수프'는 어린 시절과 가족적인 느낌을 중요한 소재로 삼아 소비자와의 유대적 감정을 자극한다. 소비자들이 느끼는 좋은 감정은 지속적인 브랜드 충성도를 유지할 수 있는 방법론이 된다.

이런 감성 마케팅을 효과적으로 활용하고자 한다면 소비자의 '감정'을 잘 이해해야 한다. 감정은 세 가지 주요 측면 또는 변화에 의해 촉발되는데, 이는 사건(발생된 어떤 것-소비 상황), 행위자(사람, 기관, 상황-기업), 대상(제품, 브랜드)에 영향을 받는다. "소비자들이 사건에 관심을 두는 것은 그 결과에 흥미를 갖기 때문이고, 행위자들에 초점을 두는 것은 그들의 행동 때문이다. 그리고 사람들이 대상에 초점을 두는 것은 그 대상 혹은 그것에 귀속된 특성에 관심이 있기 때문이다."(Schmitt, 2013) 또한 소비자의 복합적 감정은 기업을 단순히 인식하는 것을 넘어 기업의 제품과 브랜드를 체험할 때, 실제로 서비스를 접할 때인 '소비 과정'에서 파생한다. 따라서 제품과 소비자의 상호 작용에 영향을 미치는 모든 매개 요인은 중요한 측면을 지니고 있음을 시사한다.

인지적 요소는 고객의 창조적인 사고를 촉진하는 데 목적이 있다. 인지 체험은 수렴적(convergent) 사고와 확산적(divergent) 사고라는 유형을 통해 기존에 소비자가 가지고 있던 기대와 가치관을 변화시킬 수 있다. 이런 사고 확장의 접근은 소비자의 창조적 사고를 자극한다. 이를 위해서는 '놀라움', '호기심 유발', '도발'을 결합하는 전략이 필요하다. '놀라움'은 소비자의 일상적인 기대와 다를 때 발생하며, 이는 예상과 달라 생기는 기쁨이나 더 긍정적인 방향으로 나아갔을 때의 만족에서 비롯된다. '호기심 유발'은 굳어진 가정에 도전함으로써 소비자를 매혹하고 창의적 사고를 가능하게 한다. 마지막으로 '도발'은 혁명적 이미지를 통해 소비자를 새로운 관점으로 이끄는 방법이다.

행동 마케팅은 다른 사람과의 상호 작용에서 얻는 체험뿐만 아니라 신체, 장기적 행동 패턴, 라이프 스타일과 관련된 소비자의 체험을 창출하는 것을 목적으로 한다. 행동적 체험 중 하나인 '신체'는 외부 세계를 감각하고 지각하는 활동뿐만 아니라, 머리카락을 자르거나 매니큐어를 칠하는 등 신체적 체험 활동까지를 포괄한다. 많은 마케터들은 소비자의 특정 행동을 유도하기 위해 전략을 구축한다. 라이프 스타일도 마찬가지다. 소비자는 자신의 라이프 스타일을 다른 사람들에게 드러내기 위해 상징물과 같은 브랜드를 필요로 한다. 이에 따라 제품은 소비자 삶의 일부가 되기 위해 노력한다. 더불어 신체적 체험이나 장기간의 라이프 스타일과는 별개로 '상호 작용'을 통한 소비자 체험도 존재한다. 상호 작용 요소를 통해 소비자는 자신의 삶을 풍요롭게 한다.

관계적 요소는 감성, 감각, 행동, 인지 마케팅의 측면을 포함한다. 여기서 '관계'는 개인이 느끼는 감각 · 감성 · 인지 · 행동 체험으로 귀결되기도 하지만, 동시에 다른 사람, 다른 사회 집단, 국가, 사회, 문화 등과 같은 포괄적이고 추상적인 사회적 실체와의 연결을 의미한다. 브랜드를 사용하는 것을 통해 소비자는 다른 개인 간의 연결, 집단이나 문화까지의 관계를 형성하게 된다. 특히 이런 관계 마케팅은 연대감과 소속감을 중요시하는 커뮤니티에게 사회적 아이덴티티에 대한 욕구와 사회 문화적 상호 작용을 통한 체험을 제공한다.

'연결'로 팬 경험을 확장하는 위버스 전략

위버스는 '아티스트-팬', '콘텐츠-팬', '팬-팬' 간의 연결을 제공한다. 이는 아티스트와 연관된 다양한 맥락을 '관계 요소'를 통해 연결하는 것이다. 여기서 '아티스트-팬'은 위버스의 아티스트(Artist) · 팬레터(Fan Letter) · 다이렉트 채팅 시스템으로, '콘텐츠-팬'은 미디어(Media) · 라이브(LIVE) · 숍(Shop) 탭을 통해, '팬-팬'은 팬(Fan) 탭을 통해 연결된다. 특히 위버스는 다양한 서비스로 구축된 설계 안에서 '아티스트-팬', '콘텐츠-팬'의 연결을 강화한다. 이에 비해 상대적으로 '팬-팬'의 연결은 느슨한데, 팬덤이 위버스라는 하나의 공간에 존재해도 서로 간의 소통 방식이 팬 탭에 제한되어 있기 때문이다. 이는 팬덤 간의 유대 감정을 일으키는 활동 무대가 축소되고 단순화되었다고 할 수 있다.

'아티스트-팬', '콘텐츠-팬'이라는 '관계 요소' 측면의 연결 방식은 팬덤에게 기존 향유하지 못했던 체험을 제공한다는 점에서 매력적이다. '콘텐츠-팬' 측면에서 팬덤은 아티스트의 다양한 시청각 콘텐츠와 독점 콘텐츠, 라이브 콘텐츠, 굿즈 구매 등을 한 공간에서 즐길 수 있다. 물론 1차 저작물에서 파생되는 팬덤 콘텐츠를 향유하는 것에서는 제한적이지만, 상위 구조에서 제공하는 다양한 콘텐츠가 팬덤의 욕구를 충족한다는 점에서 유의미하게 작동한다. 그동안 팬덤은 아티스트의 앞무대 활동뿐만 아니라, 일상적 면모가 드러나는 뒷무대 요소를 소구하고 싶어 했다. 이는 팬들이 직접 촬영한 팬 캠 콘텐츠나, 인터랙션이 가능한 라이브 방송 등을 활발히 향유하는 사례에서 알 수 있다. 물론 위버스가 팬덤의 모든 향유 소구 포인트를 충족할 수는 없지만 팬덤의 향유를 충족할 수 있는 다채로운 콘텐츠를 제공하는 모습을 보인다. 또한 위버스는 팬덤의 열린 생산물과 팬끼리의 소통을 제한하지만, 지속적으로 이들의 욕구 충족 요소를 콘텐츠를 통해 제공함으로써 떠오르는 욕망을 잠재운다. 따라서 위버스는 팬덤의 욕망을 콘텐츠를 통해 지속적으로 채워 준다는 점에서 만족스러운 '유저'를 만드는 인지 전략을 행한다고 할 수 있다.

이런 '콘텐츠-팬'의 연결 측면은 팬덤의 '행동'을 생산보다는 수용 활동에 중심을 두게 한다. 위버스는 팬덤의 만족스러운 수용적 체험을 강화하며 편리하게 욕구 충족을 할 수 있는 전략을 펼친다. 단순 수용적 체험은 생산 체험에 비해 몰입 요소가 하향될 수밖에 없는 구조이지만, 끊임없이 발현되는 새로운 '콘텐츠-팬' 연결 서비스는 팬덤의 위버스 사용 지속 동력을 자극한다. 반복적으로 제공되는 아티스트와 관련된 '뒷무대' 콘텐츠는 팬덤의 상상을 해소해 준다는 측면에서 매력적이다. 이는 대표적으로 라이브, 위버스 매거진 등과 같은 탭에서 제공하는데, 여기서는 아티스트의 비하인드 콘텐츠를 제공하고 있다. 또한, 위버스에서만 제공하는 공식 콘텐츠와 이벤트 참여 등의 요소들은 이들을 이끄는 또 다른 동력이 된다.

'인지 요소' 측면에서는 공연 티켓팅의 우선권을 제공하는 시스템, 굿즈 판매, 다채로운 정보 공유 등과 같은 편의성 제공이 팬덤의 기대와 가치관을 변화시킨다. 위버스는 기존 팬덤이 지니고 있던 팬 활동 상황을 편리한 서비스로 제공하며 팬덤의 경험적 전환과 확장을 꾀한다. 우선, 팬덤은 다양한 디지털 미디어 플랫폼을 통해 아티스트의 콘텐츠를 향유해 왔다. 하향식 콘텐츠의 경우, 유튜브 공식 채널에서 영상을 소비했고, 인스타그램이나 X(구 트위터)의 공식 채널에서 정보를 얻었다. 그러나 위버스는 정보 공유부터 다채로운 포맷의 콘텐츠를 한곳에서 제공한다. 또한 위버스는 인터넷 방송 플랫폼인 'V 라이브'를 통합하면서 거대한 대표 향유 플랫폼으로 자리 잡게 되었다. 위버스는 팬덤과 같은 향유자들이 생성하는 상향식 콘텐츠를 적극 포함할 수 없게 되었지만, 공식적으로 배포되는 콘텐츠를 한 공간에서 제공하며 팬덤의 편의를 높이고, 기존의 기대와 가치관을 새롭게 재편했다. 더불어, 영어·중국어·일본어·인도네시아어·아랍어 등 자동 번역을 지원하며 글로벌 팬덤이 콘텐츠를 향유하고 네트워킹할 수 있도록 언어적 편의를 제공하고 있다.

오프라인 경험을 온라인으로 연결하며 편의를 제공하는 사례도 존재한다. 팬덤은 위버스의 멤버십 가입을 통해 콘서트 선예매 혜택 등을 누릴 수 있으며, 위버스 입점 아티스트 연합 콘서트의 경우, 온라인 스트리밍 서비스가 함께 제공되어 온오프라인의 확장적 경험을 할 수 있다. 또한 2020년 방탄소년단의 온택트 공연이었던 '방방콘

The Live'는 위버스에서 결제, 관람, 공식 굿즈 구매, 응원봉 연동을 한 번에 가능하게 함으로써 '편의'와 '콘서트 문화의 새로움'이라는 인지적 요소를 제공했다. 마지막으로, 위버스콘 페스티벌에서 선보인 '위버스 줄서기' 서비스는 다양한 부스 이벤트의 입장 차례 안내, 부스 앞 대기 안내, 입장 안내 등의 알림을 제공함으로써 장시간 대기의 번거로움을 해소하고 시간을 효과적으로 관리할 수 있도록 서비스를 제공했다. 이렇게 편의를 중심으로 한 팬덤의 인지적 경험 확장은 지속적으로 위버스에서 팬 활동을 할 수 있도록 유도하는 중요 요소라고 할 수 있다.

마지막으로 위버스 콘텐츠는 엔터테인먼트의 특성상 대부분 시청각이 부각되는 형식으로 제공되고 있다. 이런 측면은 기본적으로 팬덤의 '감각 요소'를 충족하는 측면이라고 할 수 있다.

'아티스트-팬' 측면에서의 연결 '관계'는 거시적으로는 위버스에 다양한 아티스트가 입점해 있다는 점에서 팬덤 유입 시스템을 갖추고 있다고 볼 수 있으며, 미시적으로는 아티스트 탭이나 일대일 채팅 메뉴를 통해 강화된다. 자유롭게 아티스트에게 메시지를 남기거나 답변을 받을 수 있는 형태는 기존 상상 속 인물이었던 '스타'의 모습을 직접 연결될 수 있는 현실 속 인물로 변모시킨다. 이런 위버스의 환경은 팬덤의 '인지'적 측면을 아티스트와 수평적으로 만들면서, 상호 작용이 가능한 지위를 획득하게 한다. 능동적 수용을 보이는 만족스러운 '유저'는 때로는 아티스트와 일상을 공유하고, 자유롭게 의견을 표출하면서 양가적 위치를 지닌 모습을 보인다. 위버스는 이러한 수직과 수평의 양가적 팬덤 행동 양상을 유도하며 새로운 경험 요소를 제시한다.

또한 '아티스트-팬'의 연결은 팬덤의 '감정적 측면'에 더욱 호소한다. 팬덤 자신이 향유하는 아티스트를 지속적이고 빈도 높게 접하고, 직접 소통하며 늘 연결되어 있는 감정을 유지하는 것은 위버스 사용의 중요한 요인이다. 특히 수평적 연결 관계에서의 '유대감'은 이런 경험을 더욱 강화한다.

'유대감'은 위버스 지속 동력의 핵심이라고 할 수 있다. 생물학적으로 인간의 기쁨은 '사람'에서부터 비롯된다. 특히 진화론적 관점에서 모든 동물의 생존 확률은 다른 개체와의 연결을 통해 높아진다. 유대감을 형성하는 다른 개체와의 연결은 생존이라는 근본적인 측면에서부터 매우 중요하다는 것이다. 호모 사피엔스의 진화 과정에서 집단으로부터의 소외나 고립은 죽음에 가까운 것으로 여겨졌다. 이는 '사회적'인 것이 생존과 매우 밀접한 연관을 지닌다는 뜻이다. 특히 인간은 다른 동물에 비해 "뼛속까지 사회적"인데, 인간의 행복은 사회적 뇌를 잘 쓰는 데서부터 비롯된다. 따라서 사회적 경험은 행복과 불가분의 관계이고, 행복은 인간에게 필수적으로 필요한 생존 장치이며, 여기서 파생되는 '연결감'은 결과적으로 생물학적 측면에서의 필수 '유지' 요소라는 것이다(서은국, 2022).

팬덤은 자신을 기쁘게 해 주는 사람과의 연결점을 위버스에서 경험하고 있다. 팬덤은 아티스트와의 소통이나 콘텐츠, 그리고 다른 팬덤과의 연결을 통해 유대감을 형성하며 긍정적인 '감정'을 형성한다. 행복한 감정의 발현은 위버스를 지속적으로 이용하게 만드는 동력으로 작용한다.

참고문헌

서은국(2022). 『행복의 기원』. 21세기북스.

오윤지(2023). 팬 경험을 활용한 팬 플랫폼 전략: 위버스를 중심으로. ≪애니메이션연구≫, 20(2), 194-209쪽.

Schmitt, B.(2013). *Experiential marketing*. Wiley. 윤경구 외 옮김(2013). 『번 슈미트의 체험 마케팅』. 김앤김북스.

09

아이돌 팬덤과 산업: 포토 카드

실물 포토 카드는 스타 활용, 엔터테인먼트의 공급 전략, 향유 매체의 변화에 따라 대우(待遇)된 원본성 · 진품성 · 일회성, 숭배 가치, 거리감이라는 진화된 아우라를 지닌다. 반면 실물 포토 카드는 디지털 미디어 매체와 결합하면서 전시 가치, 반복성, 오락적 가치라는 탈아우라적 특성을 드러내기도 한다. 그러나 탈아우라적 가치들은 오히려 팬덤의 소유 욕구를 자극해 실물 포토 카드의 아우라를 극대화하는 양상으로 이어진다.

아이돌 포토 카드라는 사진 상품 예술

아이돌 포토 카드는 스타라는 기호적 매력이 깃든 '사진 상품 예술'이다. 발터 베냐민(Walter Benjamin)은 대중문화 예술을 예술의 확장으로 이해했으며, 이런 관점에서 포토 카드 역시 예술의 한 부분이라고 할 수 있다. 또한 먼 곳에 존재하는 아이돌을 사진이라는 매체가 매개하는 상품이기도 하다.

이는 복제된 시뮬라크르(simulacre)이지만, 그 상품을 둘러싼 다층적 의미와 전략, 그리고 팬덤의 향유 양상으로 인해 복합적인 특성을 지닌다. 포토 카드는 단순한 '사진' 매체로 볼 수도 있지만, 향유자에게 보여지는 방식, 그리고 소셜 미디어라는 향유 매체의 등장으로 그 양상이 다각화되고 변화했기 때문이다.

무엇보다 포토 카드는 모두가 같은 것을 소장할 수 없도록 소수에게만 집중되는 향유 환경으로 구성되어 있다. 이런 현상은 '반포자이 포카', '트리마제 포카', '갈망 포카'라는 용어에서 잘 드러난다. 아이돌 팬덤은 희귀한 가수의 포토 카드를 고급 아파트 명칭에 붙이며 비싸게 거래하는 양상을 보인다. 또한 희귀성을 넘어 스타 시스템에서 발현된 상품은 자연스럽게 팬덤에게는 숭배 가치의 확장을 유도한다. 이렇게 숭배 가치를 이용한 엔터테인먼트의 비즈니스 전략은 포토 카드를 통해 진화된 아우라를 형성한다. 더욱이 엔터테인먼트는 포토 카드 판매 자체에만 집중한 전략을 보이는 것이 아니라, 이를 활용해 '스타와의 이벤트'라는 팬덤의 다양한 경험적 생성을 만들어 내고 있다.

모호한 지점은 포토 카드가 엔터테인먼트의 전략을 넘어 팬덤의 2차 생성 콘텐츠인 팬덤 콘텐츠로 인해 수용의 거리감 없이 다양한 소셜 미디어에서 반복적으로 생성되며 탈아우라적 특성을 드러낸다는 것이다. 아우라와 탈아우라의 양가적인 모습을 지닌 포토 카드의 향유 원리는 무엇인가? 왜 이렇게 팬덤 문화에서 주목받고 있는가? 이번 장은 이러한 물음에서 출발한다.

베냐민의 '아우라'와 아이돌 포토 카드

베냐민은 기술 재생산 시대에 들어서면서 몰락한 예술 작품의 아우라를 논의한다. 그가 말한 '아우라의 몰락'은 새로운 형태의 예술이 등장했음을 의미한다. 그는 많은 학자가 초점을 둔 '사진과 예술의 관계'에 대해서는 관심을 두지 않았다. 즉 "사진이 예술인가?"라는 물음에는 관심이 없었다는 뜻이다. 대신 '사진과 기술(매체) 관계'에 중심을 두었으며, 기존 예술 작품이 지녔던 아우라—소수 계층의 지위와 밀접하게 연결되어 있는 '권위적이고 숭배적인 가치'—가 사진과 영화라는 매체의 등장으로 몰락했음을 설명하려고 했다. 이는 곧 그가 기술 '재생산' 시대에 수용자가 느낄 예술 작품의 지각과 예술 작품이 보여지는 형식에 주안점을 둔 것이라고 할 수 있다.

이렇게 베냐민은 아우라의 개념을 통해 '지금, 여기'에 존재하는 동시대의 예술을 설명하려 했다. 그는 사회의 흐름에 따라 예술 작품은 그 자체의 가치와 기능, 그리고 이를 소구하는 수용자의 경험을 변화시킨다고 주장했다. 그는 아우라가 형성될 수 있는 조건을 두 가지로 제시했는데, 하나는 대상이 가지고 있는 객관적 특성이며, 또 하나는 대상에 대한 주체적 경험이다. 구체적으로 전자는 예술 작품이 발현된 환경 속에서 파생되는 물리적 속성을 나타내는데, 이는 '원본성', '진품성', '일회성'을 말한다. 후자는 작품과 수용자와의 '먼 거리감'을 말하며, 먼 거리의 감성적 접근 불가능성은 예술 작품의 권위적 아우라를 형성하는 조건이 된다(심혜련, 2012).

아날로그 형식의 전통 예술에서 기술 매체의 시대로 넘어오면서 베냐민은 이러한 아우라의 개념이 완전히 몰락했다고 말한다. 이는 기존 예술품의 '숭배 가치'가 복제 예술인 사진이 지닌 '전시 가치'로 변화(Benjamin, 2008)하면서 누구나 민주적으로 예술을 향유할 수 있게 되었기 때문이다. 베냐민이 말하는 '아우라의 몰락'이 시사하는 점은 예술의 가치와 의미는 고정된 것이 아니라 '지금, 여기'의 사회 문화적 현상에 따라 유동화될 수 있다는 것이다. 현재로 오면서 기존의 것이 '변동'되었다면 '몰락' 역시 단순히 그대로 멈추는 것이 아니라 동적인 존재로 생각할 수 있을 것이다. 이는 대량 복제 예술의 시대에도 사회 문화적 양상으로 인해 또다시 아우라가 변형되어 나타날 수 있다는 이야기이기도 하다. 베냐민의 주장 이후, "복제 예술에서 아우라의 유무는 뜨거운 논쟁거리"(심혜련, 2017)였는데, 이 논쟁이 발생한 이유는 몰락하지 않은 아우라의 흔적이 계속해서 나타났기 때문이다. 실제로 베냐민의 의도와는 무관하게 아우라는 사회 문화적 상황에 따라 확대·변형되면서 진화하는 양상을 보여 주고 있다.

현재 케이팝(K-Pop) 팬덤의 주류 향유 문화로 자리 잡은 포토 카드 수집 현상은 기획사라는 상위 구조에서 의도적으로 복원한 아우라의 전략으로부터 영향받고 있는 모습이라고도 할 수 있지만, 주목해야 할 것은 이런 양상이 단순한 아우라 복원 전략에만 기인하는 것은 아니라는 점이다. 포토 카드는 모두가 구매할 수 없는 '사진' 매체이지만, 팬덤은 그 사진을 디지털화해 콘텐츠로 재제작하는

데, 이는 누구나 향유 가능한 소셜 미디어 매체 안에서 반복적으로 퍼진다. 이런 반복은 다시 사진 아우라를 극대화하는데, 팬덤은 이를 영상과 결합된 아우라 경험 속에서 구매 욕구로 전환한다. 사진 그 자체는 스타를 복제한 시뮬라크르다. 즉, 유사 아우라가 발현되는 시뮬라크르는 디지털과 매개된 또 다른 시뮬라크르에 의해 아우라가 극대화된다는 것이다. 이러한 팬덤의 포토 카드 숭배 현상은 포토 마켓, 당근 등과 같은 중고 판매 플랫폼에서 혹은 X와 같은 소셜 미디어 플랫폼에서 고가로 재거래되는 양상으로 나타난다.

다음 절에서는 포토 카드의 아우라 복원과 몰락이 어떻게 반복되는지, 이런 양가적 현상이 포토 카드 향유 가치를 어떻게 지속시키는지 구체적으로 살펴보고자 한다. 이는 베냐민이 말한 '아우라'라는 개념적 기준이 '지금, 여기'의 대중문화에서 어떻게 진화하여 발현되는지를 아이돌 팬덤 사례를 통해 탐구하는 것이기도 하다.

포토 카드의 공급 전략과 의도적인 아우라의 복원: 숭배적 실재

예술에 대한 아우라는 순수 작품을 넘어 자본주의적 상품성 안에서 더욱 중요해졌다. 그 이유는 아우라가 소비자의 구매 욕구를 자극하는 기제로 작동하기 때문이다. 엔터테인먼트에서도 이런 의도적인 아우라 복원 전략을 행하는데 그중 하나가 바로 포토 카드다. 기획사는 아우라를 통해 포토 카드를 '숭배적 실재'라는 위상으로 드높인다. 포토 카드는 본래 스타가 사진이라는 매체를 통해 발현되는 반복적 생산품이지만, 엔터테인먼트의 희소성과 거리감이라는 공급 전략을 통해 숭배적 가치로 변모된다. 이런 전략으로 팬덤은 자연스럽게 공식 포토 카드의 '원본성'을 중요시하는데, 이 때문에 공식 포토 카드의 가치는 더욱 높이 평가되는 상황이다.

그렇다면 포토 카드가 어떻게 숭배적 가치를 얻고 있는지 공식 포토 카드의 공급 전략과 팬덤의 수용 양상을 통해 살펴보도록 하자.

우선 포토 카드는 '앨포'라 불리는 앨범 내 포함된 구성품의 일종으로 존재한다. 팬덤은 포토 카드를 얻기 위해 앨범을 구매하는 주객전도된 소비 행태를 보인다. 이는 엔터테인먼트가 포토 카드를 활용해 앨범의 판매량을 극대화하려는 전략 중 하나다. 물론 팬덤은 앨범 구매를 통해 스타를 상위 차트에 올리려는 목적이 있지만, 포토 카드 소비를 목적으로 앨범을 구매하는 현상 또한 늘고 있다. 실제로 한국소비자원의 조사에 따르면 포토 카드 수

집과 이벤트 응모를 위해 앨범을 구매한다는 응답이 무려 각각 52.7%와 25.4%에 달했다(한국소비자원, 2022). 또한 팬덤 소비 문화에서는 소장용 앨범을 제외하고 나머지 복수로 구매한 앨범은 그대로 버려지는 일이 비일비재하다는 지적도 있다. 이는 랜덤 포토 카드에 대한 획득 욕구에서 비롯된 현상이다. 이런 현상은 포토 카드가 부가 상품을 넘어, 하나의 주요 구매 상품으로서 작용하고 있음을 보여 준다.

포토 카드는 그 종류가 무작위로 제공되기 때문에 자신이 좋아하는 멤버의 포토 카드를 얻거나 혹은 모든 종류의 포토 카드를 수집하려면 최소한 여러 장의 음반을 구매해야 한다. 이런 공급 조절 전략은 누구나 쉽게 소유할 수 없게 희소가치를 부여함으로써 아우라를 의도적으로 복원하는 방식으로 작용한다.

포토 카드의 숭배적 가치 유도는 또 다른 판매 전략에서 더 잘 드러난다. 음반 판매처별 '특전으로 제공되는 공식 포카'나 예약 기간 중 앨범을 구매했을 시 증정하는 '예판 특전 포카', 팬 사인회 응모 기간에 판매하는 앨범에 속한 '팬싸 응모 특전 포카', 앨범을 구매하고 럭키드로우(Luck of the draw)로 제공되는 '럭드 포카', '콘서트 현장에서만 구매할 수 있는 포카', '각종 팝업 스토어에서 구매

할 수 있는 포카', '다른 상품 브랜드와 협업해 제공되는 포카' 등이 그 예다.

이렇게 공식 포토 카드는 누구나 쉽게 구매하기 어려운 유통 구조 전략을 펼치며 아우라를 형성한다. 이는 자연스럽게 포토 카드에 희귀성과 거리감을 부여함으로써 의도적으로 원본성과 일회성의 속성을 만들어 내고 있는 것이다. 이런 원본이 중요한 포토 카드 시장의 니즈에 따라 엔터테인먼트는 이를 NFT(Non-Fungible Token, 대체 불가능 토큰)하는 전략을 펼치고 있기도 하다.

이런 희귀성과 거리감이 존재하는 포토 카드 판매 전략은 '반포자이 포카', '트리마제 포카' 등의 이슈와 함께 향유자 재거래 현상을 사회적 화두로 떠올리게 했다. 포토 카드에 고가의 아파트 이름을 붙이는 것은 인기와 가격을 상징적으로 표현하는 방식이다. 현재 팬덤은 이런 포토 카드를 'X'와 같은 소셜 미디어나 '포카 마켓' 등의 재거래 플랫폼을 통해 거래한다. 포토 카드는 원본성, 희소성, 스크래치 여부에 따라 순수 예술 작품의 가치와 유사한 방식으로 가격이 측정된다. 특히 '빛 비춤 인증' 절차가 거래 과정에서 필수 요소로 이루어지는데, 이는 형광등 아래 포토 카드의 위치를 변경하며 엄격하게 스크래치의 여부를 파악하는 작업이다. 아주 미세한 스크래치도 없어야 상품의 가치가 인정되며 거래가 성사된다.

이렇게 희소성과 거리감을 통한 공급 전략과 이로부터 자연스럽게 생겨난 원본성과 일회성이라는 포토 카드의 가치 판단 조건은 아우라를 부여하고 있다. 지금까지 살펴본 포토 카드의 숭배적 실재는 실물 형태의 포토 카드에 국한된 것이었다. 그러나 팬덤은 실물 수집을 넘어 브이로그(Vlog) 등 팬덤 콘텐츠를 통해 자신들의 포꾸(포토 카드 꾸미기)를 공유하는 양상을 보인다. 이는 포토 카드의 숭배적 가치가 다시 전시 가치로 전환되어 향유되는 현상으로 해석할 수 있다. 이에 대한 구체적인 분석은 다음 절에서 다루고자 한다.

팬덤의 포토 카드 향유 방식: 오락적 시뮬라크르

실물 포토 카드는 사진이라는 매체적 특성을 지니는 동시에 소셜 미디어와 같은 디지털 플랫폼 매체 안에서 변형되어 존재하기도 한다. 대부분의 팬덤은 온라인 플랫폼 안에서 포토 카드를 향유한다. 즉, 팬덤은 실물 포토 카드 수집 등을 통해 숭배적 가치를 부여하기도 하지만, 중고 포토 카드 사이트인 포토 마켓에서 판매를 하거나 소셜 미디어를 통한 팬덤 콘텐츠의 생성으로 '전시 가치'를 부여하기도 한다. 베냐민이 말한 오래된 과거의 예술 작품은 '제의 가치'를 중시했으며, 그렇기 때문에 누구나 접근할 수 있는 공개적 장소에 있지 않았고, 감상 기회도 흔치 않았다. 이는 쉽게 접근할 수 없는 거리감이 아우라 형성의 전제였음을 시사한다. 그러나 온라인을 통한 포토 카드 전시 현상은 베냐민 이론에 따르면 탈아우라된 것이다. 왜냐하면 누구나 온라인을 통해 쉽게 반복적으로 포토 카드를 향유할 수 있기 때문이다. 그의 이론에 따르면 온라인 속 포토 카드에는 아우라가 없다.

그러나 모호하게도 팬덤은 온라인 속 포토 카드를 보고 실물 포토 카드가 지닌 숭배적 가치를 실감한다. 소셜 미디어나 중고 거래 플랫폼을 통해 고가의 금액으로 재거래되는 현상도 바로 이런 감각에서 비롯된다. 이는 역설적으로 팬덤의 구매 욕망을 자극하는 것이 바로 온라인에서 쉽게 접근 가능한 전시 가치를 지닌 포토 카드라는 점을 보여 준다. 팬덤은 실물 포토 카드의 '진품'과 '희소성'을 중심으로 소유 욕망을 지속해서 자극받는다. 소셜 미디어에 전시된 포토 카드를 보고 실물을 소유하고 싶다는 욕망을 표현한 댓글을 쉽게 찾아볼 수 있다.

베냐민이 기술 복제의 시대를 아우라의 몰락으로 긍정한 이유는 예술이 숭배의 대상이 아니라 민주적으로 향유될 수 있는 존재로 변화했기 때문이다. 그러나 아이러니

하게도 기술 복제 시대에도 사람들은 숭배의 욕망을 버리지 못했다(심혜련, 2017). 특히 비즈니스 세계에서는 숭배의 욕망을 전략적으로 이용한다. 팬덤 콘텐츠는 팬덤의 2차 생성물로서 '비즈니스'를 목적으로 한다고 할 수는 없지만, 팬덤은 자신이 만든 콘텐츠를 이와 비슷하게 '생산 및 운영'하면서 인기를 위한 전략, 즉 생산자인 자신의 즐거움을 위해 실행하게 되고, 다른 팬덤과의 상호 작용으로 지속 동력을 얻게 된다(오윤지, 2023).

이와 같은 맥락에서 보면 팬덤 콘텐츠 생산자는 실물 포토 카드를 디지털 매체에 옮겨 둠으로써 전시 가치를 활용하고, 이를 통해 수용자의 욕망을 자극하여 실물 포토 카드의 아우라를 의도적으로 복원하고 있다고도 볼 수 있을 것이다.

이렇게 포토 카드 콘텐츠는 무한히 반복되는 상황 속에서 실물 포토 카드의 아우라를 복원한다. 베냐민은 반복적 실재가 아우라의 몰락을 가져온다고 했지만 오히려 온라인 속 포토 카드는 반복된 원본의 시뮬라크르로서 그것을 소유하라는 욕망을 지속적으로 자극한다. 그렇다면 온라인 속에서 발현되는 포토 카드의 가치는 무엇일까? 결국 포토 카드는 실재의 숭배적 가치 그리고 원본의 전시 가치를 반복적으로 재현하는 매체와의 결합을 통해 더욱

더 아우라의 시너지를 내게 된다. 이는 어디까지나 실물 포토 카드의 숭배적 아우라가 존재하기 때문에 가능한 현상일 것이다.

그러나 온라인에 전시된 포토 카드가 꼭 숭배성을 자극하는 아우라를 제공하는 것은 아니다. 이 책에서 주목하는 향유 방식은 '팬덤 콘텐츠'인데, 소셜 미디어를 통한 팬덤 콘텐츠 생성은 또 다른 가치를 지니고 있기 때문이다. 그 가치는 바로 포토 카드의 '오락적 가치'다. 팬덤은 포토 카드를 수집하거나 꾸미는 행태로 향유할 뿐만 아니라, 이를 팬덤 콘텐츠로 발전시켜 소셜 미디어에 공유한다. 이는 '포토 카드 꾸미기', '포토 카드 개봉' 등의 브이로그 영상이나 사진 포맷을 통해 나타난다. 실제로 팬덤은 각자의 생성 방식을 기반으로 포토 카드 콘텐츠를 만들거나 수용하는 현상을 보인다. 소셜 미디어 플랫폼에 '포토 카드'라는 단어를 검색해 보면 정말 다양한 관련 콘텐츠가 존재함을 확인할 수 있다.

이러한 양상 속에서 필자는 팬덤 콘텐츠가 생성되는 원인을 '게임적 구조'에서 찾은 바 있는데(오윤지, 2023), 이는 포토 카드가 팬덤 콘텐츠화되는 과정이 결국 '오락적 가치'와 연결된다는 의미이기도 하다. 팬덤 콘텐츠는 진품을 극대화하는 하나의 놀이인 셈이다. 이는 포토 카드가 소셜 미디어 매체와 결합하면서 가능해진 현상이다. 소셜 미디어는 그 자체가 놀이터로서의 성격을 지닌다. 소셜 미디어는 나름대로 커뮤니티 '규칙', 게시물의 생성 '목적', 좋아요와 같은 '점수', 댓글과 같은 '피드백' 등의 게임 메카닉스가 존재하며, 이를 기반으로 팬덤은 팬덤 콘텐츠를 생성하는 과정 속에서 게임 메카닉스와 더불어 '성취감', '이타심', '내외적 보상', '자기표현' 등을 표출하거나 느끼며 게임 다이내믹스를 경험한다(오윤지, 2023). 여기서 주목할 점은 팬덤 콘텐츠를 생성하는 향유자도 혹은 수용하는 향유자도 한 지평선에서 즐거움이라는 정서적 교류를 실현한다는 사실이다. 나아가 이런 교류는 팬덤 콘텐츠의 존속과 동력에 영향을 미친다.

결국 포토 카드는 숭배적 실재로서의 성격과 디지털 매체를 통한 오락적 가치라는 양가성을 동시에 지닌다. 특히 오락적 가치는 포토 카드의 수집 욕망을 한층 더 자극한다. 팬덤 콘텐츠에는 숭배성을 자극하는 반복적인 '전시 가치'뿐만 아니라 '재미'가 공존하기 때문이다.

아우라와 탈아우라의 지각적 경계

앞서 살펴보았듯 포토 카드의 향유 방식은 크게 오프라인과 온라인으로 구분된다. 팬덤은 실제 포토 카드 혹은 팬덤 콘텐츠의 접점을 통해 다층적인 심리적 경험을 하게 된다. 실물 포토 카드는 오로지 하나만 존재하지 않는다는 점에서 기존에 베냐민이 말한 완벽한 아우라를 지니고 있다고 보기는 어렵다. 그러나 스타를 활용했다는 점, 그리고 엔터테인먼트의 공급 전략으로 원본성과 일회성의 가치를 높이는 점에서 진화된 아우라의 모습을 보인다. 그러므로 포토 카드는 '대우(待遇)된 원본성'과 '진품성' 그리고 '일회성'이 부여되는 아우라적 실재다.

한편 이 실물이 온라인 속 팬덤 콘텐츠로 전환되면 거리감은 줄어들지만 아우라는 더욱 증폭된다. 실제 포토 카드가 지닌 권위적 거리감이 팬덤 콘텐츠로 재생성되면 일회적 현상은 사라진다. 이는 누구나 가깝게 반복적으로 또 오락적으로 향유하기 때문이다. 그러므로 팬덤 콘텐츠 속 포토 카드는 탈아우라적이다. 그러나 팬덤 콘텐츠가 제공하는 포토 카드의 경험 가치는 실물 포토 카드를 소유하려는 갈망을 부추긴다는 점에서 모순적이다. 이로써 디지털 미디어 매체의 매개로 포토 카드와 팬덤의 물리적 거리감은 가까워지지만, 실존하는 포토 카드와 팬덤의 심리적 거리감은 오히려 멀어지며 실물에 대한 소유 욕구를 극대화한다. 가깝지만 먼, 반복적이지만 일회적인, 이 양가적인 거리감 속에서 팬덤의 구매 욕구는 더욱더 커지고 아우라는 지속해서 유지된다. 팬덤은 아우라와 탈아우라의 경계를 오가며 포토 카드의 소유욕을 활성화한다.

참고문헌

심혜련(2012). 『20세기의 매체철학』. 그린비.
심혜련(2017). 『아우라의 진화』. 이학사.
오윤지(2023). K-Pop 팬덤 콘텐츠 생성 구조 연구. 한양대학교 박사학위논문.
한국소비자원(2022). 팬덤 마케팅 소비자 문제 실태조사.
W. Benjamin(2008). *The work of art in the age of mechanical reproduction*. Penguin Great Ideas.

10

버추얼 아이돌과 팬덤

팬덤은 버추얼 아이돌 플레이브의 실재성과 가상성을 해체하고 하나의 통합된 자아로 인식하는 경향을 보인다. 버추얼 아이돌이 가상 이미지와 실제 인물의 조합으로 구성되어 있음에도 향유자의 인식 속에서는 그 정체가 단일한 자아로 규정된다.

버추얼 아이돌

버추얼 아이돌(virtual idol, 가상의 아이돌) '플레이브(PLAVE)'는 현재 케이팝(K-Pop) 아이돌의 한 축을 담당할 만큼 높은 대중적 인기를 얻고 있다. 최근 초동 판매량 100만 장을 넘겼고, 빌보드 '글로벌 200 차트' 진입이라는 새로운 역사를 쓰며 기존에 보지 못했던 버추얼 아이돌의 행보를 보여 주고 있다. 버추얼 아이돌은 더 이상 낯설고 이질적인 존재가 아니라, 하나의 대중음악 패러다임으로 확장된 문화 형태로 자리 잡았다.

그런데 버추얼 아이돌은 플레이브와 같이 인간 기반 '캐릭터'의 모습으로만 존재하는 것은 아니다. AI 기술을 기반으로 한 '버추얼 휴먼' 형태의 아이돌도 존재한다. 물론 이런 유형은 인기가 시들해졌다. 이렇게 단발성으로만 화제가 된 것에는 다양한 원인이 있겠지만 그중 하나로 '불쾌한 골짜기(uncanny valley)'를 빼놓을 수 없을 것이다. 인간이 아닌 존재가 인간과 같은 유사성이 일정한 수준에 달할 때 오히려 불쾌감을 느끼게 된다는 이 이론에 따라 향유자는 애매하게 인간과 닮은 버추얼 아이돌이 지닌 불쾌감을 쉽게 받아들이지 못했을 것이다. 여기에 더해 스타와의 소통과 유대감을 중요시하는 팬덤의 향유 요소를 만족시켜 주기에는 기술적 한계가 관계 형성을 방해하는 요인으로 작용했을 것이다.

이에 반해 애초에 인간과 애매한 유사함을 지니지 않는 2D 렌더링 콘셉트에 만화 주인공 외형을 지닌 플레이브는 향유자의 마음을 사로잡기에 충분한 조건을 지니고 있었다. 더불어 소소하지만 지속적으로 이어진 양방향 소통 콘텐츠는 팬덤과의 유대감 형성에 큰 역할을 했다.

그렇다면 새로운 대중음악 문화를 형성하고 있는 버추얼 아이돌 팬덤의 인식 양상은 어떠할까? 버추얼 아이돌이 음반을 내고, 콘서트, 라이브 방송과 같은 퍼포먼스를 행하며 팬덤과 소통한다는 점은 기존 아이돌과 유사한 측면을 지니는 듯 보인다. 그러나 플레이브와 같은 버추얼 아이돌은 실제 인간을 기반으로 활동한다는 점에서 기존 아이돌처럼 '실제 인물'로 존재하지만, 가상의 캐릭터 모습으로 형성된다는 점에서 동시에 가상 인물로 그려진다는 큰 차이점을 지니고 있다.

그렇다면 버추얼 아이돌 팬덤은 '캐릭터 인간'을 어떻게 바라보고 있을까? 캐릭터가 지닌 외형적 매력을 넘어 팬덤은 어떻게 그들을 인지하며 향유하고 있는지 살펴볼 필요가 있다. 이번 장에서는 버추얼 아이돌 팬덤이 규모화되고 있는 현시점에서, 지금-이곳에서 새롭게 형성된 문화 현상을 살펴보고자 한다.

'인간+캐릭터'라는 실재와 가상의 해체

'버추얼'은 '가상'을 뜻하며, 개념적으로는 실재와의 대립항으로 작동한다. 가상은 실재처럼 보이는 것 이면의 '가짜'라는 의미를 내포한다. 그러나 플레이브와 같은 버추얼 아이돌은 가상 세계 안에 실재가 있는 설정을 통해 그 경계를 초월한다. 그것은 실재지만 표면적으로는 가상적인 특수한 형식을 통해 발현된다. 이는 실재가 기술을 통해 2차원의 평면적 가상 인간으로 작동되어 향유자에게 새로운 차원의 상상을 제공하는 것이다.

향유자 측면에서 볼 때 버추얼 아이돌의 캐릭터 외형은 팬덤의 기존 단층적 인식 구조를 다원화하는 현상을 유발한다. 팬덤은 처음에 캐릭터의 외형을 생소하고 인위적이라고 판단하고, 가면 뒤의 '진짜'에 물음표를 던지는데, 점차 자연스럽게 이러한 점이 무마된다고 언급한다(오윤지, 2024). 이는 가상성과 실재성이 혼재한 초가시적 풍경을 자신의 인지 프레임에 새롭게 구축한 결과로 해석할 수 있다.

초기 대부분의 팬덤은 버추얼 아이돌 멤버들의 실제 형태를 구분하는 모습을 보인다. 팬덤은 캐릭터 뒤 인간에 대한 호기심을 가지게 된다. 그러나 플레이브 팬덤 사이에서는 캐릭터 뒤의 숨은 본체를 궁금해하는 것을 금기시하는데, 한 팬덤은 "뒤에 있는 사람을 궁금해하는 것은 결국 그 캐릭터를 '캐릭터'로 보는 게 아닌, 캐릭터 안에 종속된 인간의 정체를 보려고 하는 인간의 시선적 한계"(오윤지, 2024)가 아니냐고 지적한다.

점차 팬덤은 표면으로 드러나는 캐릭터와 캐릭터 뒤의 '본체'에 경계를 두지 않는 모습을 보인다. 이는 팬덤이 혼종적 존재 자체에서 새로운 가치를 발견하고 있음을 보여준다. 팬덤은 가상과 실재의 영역을 이분법으로 인식하지 않으며 버추얼 아이돌의 앞무대와 뒷무대에 존재하는 정체성의 경계를 해체하는 방식으로 향유한다. 이는 캐릭터와 인간의 조합으로 인위적으로 연출된 결과물이 팬덤의 무의식의 영역으로 옮아간 것이라고 할 수 있다. 버추얼 아이돌은 모순적이고 구분되는 성질을 지닌 캐릭터 외형과 인간미가 하나로 작동하면서 팬덤에게 소구되는 현상을 만들어 낸다.

따라서 버추얼 아이돌의 정체성은 팬덤의 변화된 인식 구조에서 비롯된다. 기술의 탈을 쓴 가상적 형상과 실재를 하나의 사람으로 인식하고 결정하는 것은 결국 향유자인 팬덤이기 때문이다.

이러한 맥락은 어빙 고프먼(Erving Goffman)의 자아 연출 이론에서 잘 드러난다. 어빙 고프먼은 인간의 사회적 행위가 연극 무대 위의 배우가 수행하는 퍼포먼스와 본질적으로 같다고 설명한다. 인간은 자신 주변의 환경과 사람에 따라 행동을 취하고 사회적 정체성을 형성하는데, 이 모습이 특정 관람객을 두고 연기하는 배우와 비슷하다는 것이다. 구체적으로 인간은 앞무대와 뒷무대를 통해 행동한다고 설명하는데, 앞무대는 사회적 행위가 이루어지는 곳이며, 뒷무대는 좀 더 사적인 행위가 이루어지는 공간이다(Goffman, 2016). 이론을 자세히 들여다보면, 무대에 선 인간의 정체를 결정하는 것은 무대라는 장소에서 이루어지는 몸가짐, 겉모습, 무대 장치 등과 같은 요소 같지만, 실질적으로는 이것들이 작동될 수 있는 중요 요인은 결국 관객의 몫에 의해서다. 환경이 달라지더라도 이를 인지하는 관객이 존재한다면 인간은 변함없이 사회적 탈을 쓰고 행동할 것이기 때문이다.

캐릭터의 가면을 쓰고 행동하지만, 실재가 존재하는 버추얼 아이돌을 앞무대와 뒷무대에 적용해 본다면, 앞무대는 가상 캐릭터, 뒷무대는 실제 인간일 것이다. 그러나 이 양극화된 무대는 팬덤이라는 향유자, 즉 관객을 통해 탈경계적으로 재구조화된다. 이들의 향유 인식이 탈경계적이기 때문에 버추얼 아이돌 또한 캐릭터 외형과 인간이라는 실재의 행동이 하나로 유지될 수 있는 것이다. 팬덤에 의해 버추얼 아이돌은 가상이 실재로, 실재가 가상으로 전환되면서 새로운 자아를 형성하게 된다.

이처럼 버추얼 아이돌의 자아 무대를 재구조화하고 분리되어 보이는 공간을 통합하는 과정은 팬덤의 인식 구조에 근거한 문화적 수용 방식으로 이해할 수 있다. 버추얼 아이돌의 존재를 하나의 자아로 자각하는 팬덤의 태도는 또 하나의 새로운 향유 양상을 보여 준다는 점에서 중요한 시사점을 지닌다.

참고문헌

오윤지(2024). 버추얼 아이돌 팬덤의 향유 문화 연구. ≪한국콘텐츠학회논문지≫, 24(2), 184-192쪽.

Goffman, E.(1959). *The presentation of self in everyday life*. Anchor. 진수미 옮김(2016). 『자아 연출의 사회학』. 현암사.

오윤지

가톨릭대학교 예술미디어융합학과 교육전담 초빙교수다. 한양대학교 국악과에서 학부 및 석사 과정을 마쳤으며, 한양대학교 문화 콘텐츠학과에서 “K-Pop 팬덤 콘텐츠 생성 구조 연구”로 박사학위를 받았다. 문화콘텐츠전략연구소에서 다양한 연구를 수행(2020~2023)했으며, 한양대학교 ERICA 문화 콘텐츠학과, 순천향대학교 한국문화 콘텐츠학과에서 강의(2023~2025)했다. 도쿄 메이지대학교 초청학자(2024)로 활동하며 글로벌 K-Pop 팬덤 연구를 수행했으며, 현재 (사)한국애니메이션학회 사무국장으로도 활동 중이다.

주요 논문으로는 “AI 기반 버추얼 아이돌의 진정성 문제: 뮈토스와 로고스의 복합적 부재”(2025), “K-Pop 일본 팬덤의 향유 구조와 정체성”(2025), “버추얼 아이돌 팬덤의 향유 문화 연구”(2024), “아우라와 탈아우라의 경계: K-Pop 포토카드와 팬덤”(2024), “팬 경험을 활용한 팬 플랫폼 전략: 위버스를 중심으로”(2024), “K-Pop 팬덤 콘텐츠의 유형 연구: 유튜브 플랫폼을 중심으로”(2022), “SNS 챌린지 콘텐츠의 게이미피케이션 연구”(2022) 등이 있다.

아이돌 팬덤 문화

아이돌 팬덤 콘텐츠

아이돌 팬덤과 게이미피케이션

아이돌 팬덤과 게이미피케이션: 메카닉스

아이돌 팬덤과 게이미피케이션: 다이내믹스

아이돌 팬덤과 게이미피케이션: 에스테틱스

아이돌 팬덤의 확장된 표현형

아이돌 팬덤과 산업: 팬 플랫폼

아이돌 팬덤과 산업: 포토 카드

버추얼 아이돌과 팬덤

04300

9 791143 011398

ISBN 979-11-430-1139-8

ISBN 979-11-288-1800-4 (세트)

값 12,000원

commbooks.com